DOM E PERDÃO

Enzo Bianchi

DOM E PERDÃO

POR UMA ÉTICA DA COMPAIXÃO

Dados Internacionais de Catalogação na Publicação (CIP)
Angélica Ilacqua CRB-8/7057

Bianchi, Enzo
Dom e perdão : por uma ética da compaixão / Enzo Bianchi ; tradução de Moisés Sbardelotto. – 1. ed. – São Paulo : Paulinas, 2023.
96 p. (Coleção Mística)

ISBN: 978-65-5808-156-2

1. Perdão - Aspectos religiosos 2. Dons 3. Compaixão I. Título II. Sbardelotto, Moisés III. Série

22-1498   CDD 234.5

Índice para catálogo sistemático:
1. Perdão - Aspectos religiosos

1ª edição – 2023

Título original da obra:
Dono e perdono: Per un'etica della compassione
© 2014 Giulio Einaudi editore s.p.a., Torino.

Direção-geral: *Ágda França*
Editora responsável: *Fabíola Medeiros*
Tradução: *Moisés Sbardelotto*
Copidesque: *Ana Cecilia Mari*
Coordenação de revisão: *Marina Mendonça*
Revisão: *Sandra Sinzato*
Gerente de produção: *Felício Calegaro Neto*
Capa e diagramação: *Tiago Filu*
Imagem de capa: *depositphotos.com – @silvionka*

Nenhuma parte desta obra poderá ser reproduzida ou transmitida por qualquer forma e/ou quaisquer meios (eletrônico ou mecânico, incluindo fotocópia e gravação) ou arquivada em qualquer sistema ou banco de dados sem permissão escrita da Editora. Direitos reservados.

Paulinas
Rua Dona Inácia Uchoa, 62
04110-020 – São Paulo – SP (Brasil)
Tel.: (11) 2125-3500
http://www.paulinas.com.br – editora@paulinas.com.br
Telemarketing e SAC: 0800-7010081
© Pia Sociedade Filhas de São Paulo – São Paulo, 2023

Para Michelina Borsari.

SUMÁRIO

O DOM

Introdução..11
1. A arte de doar: dar e receber 15
2. Dom e proximidade 18
3. Dom e gratuidade 23
4. Dom e justiça 26
Conclusão...30

O PERDÃO

Introdução..35
1. O perdão e o mal......................................39
2. O fatigante caminho do perdão 42
3. Como viver o perdão como cristãos 51
4. Perdão e justiça 55
Conclusão...61

A COMPAIXÃO

Introdução..65

1. A compaixão de Deus no Antigo Testamento.........71

2. A compaixão de Deus narrada por Jesus Cristo
e própria do cristão................................76

3. A compaixão, forma do encontro com o outro,
humana resposta ao mal........................84

Conclusão..91

PARA IR ALÉM

O dom..93

O perdão..94

A compaixão..94

O DOM

"O dom não é suficiente
se o doador também não estiver presente."

Martim Lutero

INTRODUÇÃO

O tema do dom é um dos mais presentes no grande canteiro de obras da pesquisa e da reflexão contemporâneas: as teorias sobre o "dom" certamente são muitas e também diferentes. Marcel Mauss, com seu *Essai sur le don*, foi decisivo na elaboração das teorias sobre o dom, mas, depois dele, muitos, sobretudo os filósofos franceses, sondaram e procuraram compreender, discernir e interpretar o *homo donator*, o ser humano capaz de doar, o ser humano que faz o dom: Georges Bataille, Émile Benveniste, Jacques Derrida até Jacques T. Godbout. É deste último, por exemplo, uma imagem muito sugestiva:

Existe uma espécie de lei social que faz com que aquilo que não circula, morra, como ocorre com o lago de Tiberíades ou o Mar Morto. Formados pelo mesmo rio, o Jordão, um é vivo; e o outro, morto, porque o primeiro dá água a outros rios, enquanto o segundo guarda toda ela para si.

Medita-se e pesquisa-se sobre o "dom", mas também se fazem muitas perguntas sobre a presença do dom hoje: em uma sociedade dominada pelo mercado, marcada por um acentuado individualismo, com traços de narcisismo, egoísmo, *philautía* [do grego, amor-próprio ou confiança excessiva em si mesmo] e egolatria que a caracterizam, ainda há espaço para a arte de doar? Ainda é possível doar, fora do âmbito dos vínculos afetivos e do clima de festa? Mas há outra pergunta, a meu ver decisiva: na educação e na transmissão da sabedoria acumulada às novas gerações, há atenção ao dom e à ação de doar como ato autêntico de humanização? Há a consciência de que o dom é a possibilidade de desencadear as relações recíprocas entre humanos, seja qual for o resultado depois?

A partir de uma leitura sumária e superficial, pode--se concluir que hoje não há mais lugar para o dom, mas apenas para o mercado, para a troca utilitarista; podemos até dizer que o dom é apenas um modo de simular gratuidade e desinteresse lá onde, ao invés disso, reina a lei da vantagem pessoal. Em uma época de abundância e de opulência, também é possível praticar o ato do dom para comprar o outro, para neutralizá-lo e tirar dele a sua plena liberdade. Pode-se até usar o dom – pensemos nas "intervenções humanitárias" – para mascarar o mal operante em uma realidade de guerra. Essa ambiguidade que pesa sobre a ação de doar e poder perverter o seu significado não é nova; já na antiguidade se dizia: *Timeo Danaos et dona ferentes*, "temo os gregos mesmo quando trazem dons" (Virgílio, *Eneida* II, 49). Mas há também uma forte banalização do dom, que é enfraquecido e distorcido mesmo quando chamado de "caridade": hoje, com um SMS, "doa-se" uma migalha para aquelas pessoas que os meios de comunicação nos indicam como sujeitos – distantes! – pelos quais vale a pena sentir emoções.

Sobre os riscos e as possíveis perversões do dom, nós somos advertidos: o dom pode ser rejeitado com atitudes de violência ou na indiferença distraída; o dom pode ser recebido sem despertar gratidão; o dom pode ser desperdiçado: doar, de fato, é uma ação que requer que se assuma um risco. Mas o dom também pode ser pervertido, pode se tornar um instrumento de pressão que incide sobre o destinatário, pode se transformar em um instrumento de controle, pode acorrentar a liberdade do outro, ao invés de suscitá-la. Os cristãos sabem que, na história, até o dom de Deus, a graça, pôde e pode ser apresentado como uma captura do ser humano, um novo Prometeu, uma ação de um Deus perverso, cruel, que incute medo e infunde sentimentos de culpa.

A nossa situação, portanto, é desesperadora hoje? Não! Doar, assim como amar e confiar, é uma arte que sempre foi difícil: o ser humano é capaz dela porque é capaz de relação com o outro, mas continua sendo verdade que esse "doar a si mesmo" – porque é disso que se trata, não apenas de dar aquilo que se tem, aquilo que se possui, mas também de dar aquilo que se é – requer uma convicção profunda em relação ao outro. Quem é o outro? Ou é o inferno – como escrevia Jean-Paul Sartre de modo afiado – ou é um dom que eu reconheço doando a mim mesmo ao outro! O que pode ser a sociedade, a *polis*? Uma *communitas*, uma ação de reunir os dons (*cum-munus*); ou o não reconhecimento, a rejeição do outro por meio de uma *immunitas*, um fechamento absoluto, como Roberto Esposito bem analisou em seus estudos. Doar ao outro, aos outros, não é apenas uma forma de reconhecimento comunitário e social, mas é também o modo necessário para entrar na aliança da *communitas*.

Na consciência dos homens e das mulheres, nas estruturas de humanização, não há apenas a paixão pelo lucro, mas também a busca do vínculo, da relação que sabe gerar a generosidade, o amor, a aliança. Muitas vezes, o comportamento individual parece ditado apenas pela pulsão *philautica*, egoísta, que busca unicamente o próprio interesse; porém, sempre se conhecerá o excedente do dom, porque o ser humano sempre é capaz de fazer o bem, percebendo a sua própria insuficiência e procurando o outro para uma plenitude de vida que ele não possui em si mesmo. Por isso, embora as dominantes culturais às vezes contradigam a lógica do doar, o evento do dom persiste.

1. A ARTE DE DOAR: DAR E RECEBER

Por definição, doar significa entregar um bem nas mãos de um outro sem receber qualquer coisa em troca. Bastam essas poucas palavras para distinguir o "doar" do "dar": na ação de dar, há a venda, a troca, o empréstimo; na ação de doar, há um sujeito, o doador, que, na liberdade, não forçado e por generosidade, por amor, faz um dom ao outro, independentemente da resposta que dele receberá. Pode ser que o destinatário responda ao doador, e se desencadeie uma relação recíproca, mas também pode ser que o dom não seja acolhido ou não suscite nenhuma reação de gratidão. A lógica do dom, de fato, não é medida pela equivalência da troca, mas é a lógica de uma oferta unilateral e gratuita.

Doar, portanto, parece ser um movimento assimétrico, unilateral, que nasce da espontaneidade e da liberdade. Por quê? Muitas podem ser as tentativas de resposta, mas acredito que doar é possível porque o ser humano tem dentro de si a capacidade de realizar essa ação sem cálculos: é *capax boni* [capaz de fazer o bem], é *capax amoris* [capaz de amar], sabe se exceder no dar mais do que é obrigado a dar. É essa a grandeza da dignidade da pessoa humana: ela sabe dar a si mesma e sabe fazer isso na liberdade! É o *homo donator*. Certamente, há um risco a ser assumido no ato de doar, mas esse risco é absolutamente necessário para negar o ser humano autossuficiente, o ser humano autárquico. E, se o dom não receber retorno, em todo caso o doador fez um gesto subversivo: por meio da ação de doar, acendeu uma relação não gerada pela troca, pelo contrato, pelo utilitarismo. Iniciou um movimento *contro natura*, inseriu uma diástase nas relações, nos relacionamentos, até levantar a possibilidade da pergunta sobre a dívida "boa", isto é, a "dívida do amor" que cada um tem em relação ao outro na *communitas*. De fato, está escrito: "Não fiquem devendo nada a ninguém, a não ser o amor recíproco" (Rm 13,8).

Porém, continua sendo verdade que o dom traz dentro de si, constitutivamente, algo de paradoxal, algo de híbrido – segundo Mauss – porque é forçoso e ao mesmo tempo livre; útil e ao mesmo tempo gratuito. Em certo sentido, ele é forçoso, isto é, ditado por usos e costumes pertencentes à tradição ou à cultura: dão-se presentes no Natal, pelos aniversários, pelas bodas... Existem ocasiões codificadas que tornam o doar um ato "de dever", sugerido por aquilo que todos reputam como uma coisa boa. Mas esse "dever" não pode ser uma obrigação, uma obediência a uma lei que é honrada sem convicção e sem desejo. E eis que emerge assim a paradoxalidade do dom, um ato de liberdade que deixa o destinatário livre para retribuir o dom. Nunca se afirmará o suficiente: só na liberdade é que o dom é verdadeiramente tal, porque, se houver alguma constrição, de qualquer tipo, o dom está ao menos viciado e destinado à dissolução. *Não a necessidade, mas sim a liberdade*, e aqui, na verdade, estamos considerando não apenas as condições necessárias para a ação de doar, mas também as condições necessárias para a *humanitas*.

Ora, é precisamente a partir dessa condição de liberdade que podem aparecer a utilidade e a gratuidade do dom. Em que sentido o dom pode ser útil, sem, por isso, inscrever-se na lógica do interesse egoísta, do dar para receber a retribuição? Há utilidade em doar, porque doar tem sentido e produz sentido. Doando, nós respondemos a uma necessidade que está na nossa interioridade, porque, por não sermos autossuficientes, solitários, "mônadas", sentimos o desejo do outro. Precisamos do outro para fazer dons, dar a nós mesmos e aquilo que temos, sem nunca o instrumentalizar.

O outro, verdadeiro grande mistério diante de cada um de nós, o outro que desejamos, o outro que invocamos, o outro com quem não estamos mais sozinhos desperta em nós o desejo do dom e nos pede a maravilhosa troca do dar e do receber, para estarmos bem juntos. O bem que nos habita é efusivo, extático e se manifesta como querer bem, como querer o bem um do outro. Aqui está o amor: não o cálculo egoísta, não o utilitarismo do *do ut mihi des*, "eu dou para que tu me dês", mas sim a gratuidade, que desencadeia em quem recebe o dom da lógica do *do ut aliis des*, "eu dou para que tu dês a outros". Sob essas condições paradoxais, o evento do dom tem a força de um milagre: faz acontecer o inaudito, cria novas situações, gera outras lógicas de comportamento.

2. DOM E PROXIMIDADE

A primeira possibilidade do dom ocorre por meio da palavra: palavra doada, dada ao outro! Hoje talvez estejamos menos conscientes do que significa "dar a palavra, doar a palavra", mas o dom da palavra é o selo sobre a confiança, sobre o fato de crer nos outros. Sem fé nos outros, não há caminho de humanização, mas a eloquência da confiança é precisamente doar a palavra, que é promessa e assunção de responsabilidade em relação ao outro. Nas mais cotidianas e autênticas "histórias de amor", precisamente para que o encontro se torne história, para que o instante se torne tempo, é preciso a palavra dada, a promessa.

A partir do dom da palavra, deve-se depois tender, por meio de uma série de atos de dom, ao dom da vida. Esse dom extremo é possível onde um homem ou uma mulher tem razões pelas quais vale a pena dar a vida, gastar a vida, dedicar toda uma vida a... São as mesmas razões pelas quais eles vivem, pelas quais a sua vida encontra sentido. Dar a própria vida, porém, é a operação mais difícil, que fere as nossas fibras e o nosso senso de autoconservação. Nós somos habitados pela pulsão biológica de viver, a todo custo, mesmo sem os outros e talvez até contra os outros. Mas eis a possibilidade de dar a nós mesmos, a nossa vida pelos outros. Não há via intermediária.

A nossa tentação é a de dar outras coisas alheias a nós, antes que nós mesmos: é a lógica dos sacrifícios oferecidos a Deus. Mas isso não é um dom. E é significativo que no cristianismo a única oferta possível é a de si mesmo, do próprio corpo, da própria vida pelos outros, como bem entendeu o apóstolo Paulo: "Ofereçam os seus corpos como sacrifício vivo, santo e agradável a Deus. Esse é o culto de vocês segundo a Palavra (*loghikè latreía*)" (Rm 12,1). Trata-se de não sacrificar nem os outros nem alguma coisa, mas de se dedicar, de se pôr a serviço dos outros, afirmando a liberdade, a justiça, a vida plena. Mas o que significa doar a si mesmo? Significa dar a própria presença e o próprio tempo, empenhando-os a serviço do outro, seja quem for, simplesmente porque é um homem, uma mulher como eu, um irmão, uma irmã em humanidade. Dar a própria presença: rosto a rosto, "olho no olho" (Is 52,8), mão na mão, em uma proximidade em que a linguagem narra o dom ao outro.

As necessidades humanas são tantas, e as situações de sofrimento, fadiga e dor são infinitas, mas a necessidade das necessidades é ter alguém por perto que faça o dom da sua presença, até o limite, mesmo sem uma palavra, simplesmente com o seu rosto e o seu olhar. Sim, às vezes, ao fazer o dom, nós não sabemos o que dizer, as palavras nos faltam, mas estar perto, fazer-se próximo (cf. Lc 10,36) e dar o tempo que inexoravelmente passa, é fazer o dom mais necessário ao destinatário.

Gostaria de dizer que o dom feito ao outro – palavra, gesto, dedicação, cuidado, presença – só é possível quando se decide pela proximidade, por se fazer próximo ao outro, por se envolver na sua vida, por querer assumir uma relação com o outro, até se tornar responsável pelo outro.

Então, aquilo que talvez fosse impossível ou mesmo difícil, fatigante, torna-se quase natural, porque há em nós, no fundo do nosso ser, a capacidade do bem: esta é despertada de novo, senão até gerada, precisamente pela proximidade, quando cessa a abstração, a distância, e nasce a relação. Somente se houver essa proximidade é que o dom não é esmola, não é o ato de jogar dinheiro ao mendigo sem conhecê-lo e sem olhá-lo no rosto, embora passando perto dele; somente se houver esse êxtase de amor que quer o bem do outro é que o dom se torna um verdadeiro ato de amor gratuito.

Além disso, não nos esqueçamos de que, para nos fazermos próximos de alguém, é preciso alimentar sentimentos de confiança: confiança no outro, porque vale a pena encontrá-lo, escutá-lo, fazer-lhe um dom. Aqui nasce a responsabilidade do outro, e o gesto que realizamos adquire significado para nós mesmos e para o destinatário, que sentirá pelo menos que há alguém que se sente responsável diante dele.

Há uma palavra de Jesus – não relatada nos Evangelhos, mas lembrada pelo apóstolo Paulo no seu discurso a Mileto, referido nos *Atos dos Apóstolos* – que é muito eloquente: "Há mais alegria em dar do que em receber!" (At 20,35). Experiência real de quem sabe se fazer próximo, aproximando-se do outro, porque o outro, mesmo quando tem o rosto do leproso, quando visto face a face, pede às nossas entranhas que sofram junto, pede a compaixão, o dom da presença e do tempo, o dom de nós mesmos! O ato de doar provoca alegria ao doador, porque é um ato concreto que liga o doador ao cosmos, ao outro: é um ato percebido como esperança de comunhão. A acumulação que não conhece a lógica do dom, em vez disso, aumenta sempre a dependência das coisas e separa o ser humano de outro ser humano, o ser humano dos outros. Não há verdadeira alegria sem os outros, assim como é verdade que não há esperança senão esperando juntos! Mas a esperança é fruto da ação de doar, da partilha, da solidariedade.

Nesse doar e receber, precisamente porque a ação de doar vai além da justiça que se alimenta das regras da igualdade, abre-se espaço para o amor que é inspirado pela superabundância – como dizia Paul Ricœur –, isto é, aparece a "boa dívida do amor". A ação de dar a palavra, de doar as coisas expropriando-as de si mesmo, de dar a presença e o tempo não pede restituição, mas requer que a iniciativa do dom seja prosseguida, continuada, em uma lógica transitiva. A ação de doar não pode ser submetida à esperança da restituição, de uma obrigação que dela nasce, mas é um chamado, desperta uma responsabilidade, inspira o vínculo social. A dívida do amor rege a lógica doadora à qual é peculiar o caráter da gratuidade, a ausência da reciprocidade. Como é verdadeira a palavra de Jesus sobre a arte do dom: "Que a tua esquerda não saiba o que faz a tua direita" (Mt 6,3)! Cada vida humana é instituída pela dívida do amor, graças à qual o outro é aquele por quem somos responsáveis, uma pessoa que, uma vez encontrada, tem o direito de ser destinatária do amor em virtude da proximidade que se criou.

3. DOM E GRATUIDADE

Dizer dom significa – já especificamos isto – dar gratuitamente: sem troca, sem contradom, sem criação de dívida, sem reciprocidade. Sim, não há dom sem gratuidade. Gostaria, então, simplesmente de lembrar que a essência do cristianismo está no anúncio não só do amor que vence a morte, mas também de um amor gratuito, chamado de "graça" na milenar tradição cristã. A graça – *chen* em hebraico, *cháris* em grego, *gratia* em latim – é favor, benevolência, amor que não deve ser merecido: é amor preveniente, gratuitamente derramado por Deus sobre as pessoas e impensável como evento humano. Pois, quando se faz evento, ele faz com que "onde abundou o pecado, superabunde a graça" (Rm 5,20), o amor gratuito, livre, incondicional, fiel pela eternidade. Isto é boa notícia, Evangelho: o amor de Deus não deve ser merecido, nos precede, nos alcança antes que nós possamos fazer algo para merecê-lo! Deus nos ama até mesmo *enquanto* somos pecadores, simultaneamente ao fato de sermos seus inimigos, seus negadores (cf. Rm 5,6-10).

O amor de Deus por toda a humanidade (cf. Jo 3,16: "Deus amou tanto o mundo que deu seu Filho unigênito") é amor que não pode ser pago de volta. Como recita uma antiga anáfora que, em um único verso, nos dá todo o movimento originado pela gratuidade: "Damos-te graças, Senhor, nós, teus servos pecadores, aos quais concedeste a tua graça que não pode ser paga" (*Anáfora de Addai e Mari*). O ser humano agradece, acolhe a graça e a reconhece, mas essa gratidão não precede nem determina o dom de Deus, que é gratuito, justamente, motivado apenas pelo seu amor por nós, seres humanos.

Esse anúncio deve ser afirmado assim, na sua natureza surpreendente: Deus nos ama por primeiro, nos ama gratuitamente, nos faz o dom de tudo o que ele tem e é, não para que o amemos de volta, mas para que nos amemos entre nós, para que eu ame os outros com o mesmo amor gratuito. Há outra palavra de Jesus que eu gostaria de lembrar a esse propósito: "Como o Pai me amou, assim eu amei vocês [...] Como eu amei vocês, assim vocês devem amar uns aos outros" (Jo 15,9-12). Nada de reciprocidade, nada de simetria: eu dou a você não para que retribua a mim, mas para que doe aos outros! É uma dinâmica sem retorno, com um recomeçar contínuo do amor gratuito: "Receberam gratuitamente, deem gratuitamente!" (Mt 10,8).

Certamente, para entrar na lógica do dom e da gratuidade, é preciso aprender a receber, a acolher o dom: se não houvesse a capacidade de receber, não haveria sequer gratidão, não haveria capacidade de reconhecimento do outro, graças ao qual eu me humanizo. Eu devo aquilo que sou aos outros: esse reconhecimento é a gratidão, condição na qual se aprende a amar lutando contra todos os impulsos destrutivos do medo, do ciúme, do narcisismo, da vantagem pessoal. Eu sei bem que, infelizmente, o cristianismo também se tornou, e muitas vezes ainda é proposto, como uma religião em que se cumprem ações, em que se dá em troca de um mérito, de um prêmio, de uma remuneração. Mas isso é a perversão do "bom anúncio", do "Evangelho". A salvação ou é gratuita ou não é salvação cristã, ou, melhor, não é mais salvação! *Qui salvandos salvas gratis*, como se canta no *Requiem*!

Para entrar na "dança do dom", portanto, é preciso não a resposta da retribuição quando se recebe, mas doar por sua vez. Assim, a gratuidade não é rompida, mas é potencializada, porque o doador, ao fazer o gesto de dar, deve-se abrir à confiança, aceitar a incerteza sobre a acolhida do dom, sem pensar na sua própria vantagem. Se, depois, a graça for causa de gratidão, de dar graças, isso, por sua vez, é estupor, maravilha, verdadeiramente "graça".

Não só o dom é gratuito, mas também o doador é presença operante gratuita, e essa sua gratuidade está correlacionada com a liberdade do destinatário do dom. Não só o dom de Deus é graça, mas Deus mesmo também é gratuito, não necessário para o ser humano, que pode entrar em relação com ele no espaço da liberdade, não determinado por nenhuma necessidade de ter que estar diante de Deus. O Deus cristão não é o do teísmo, necessário fiador da ordem cosmológica, moral e política, mas é um Deus que, por amor e na liberdade, oferece a sua aliança ao ser humano, que só pode responder na liberdade e no amor. Essa gratuidade de Deus incita as pessoas a viverem a sua existência como irmãos e irmãs, reconhecendo-se reciprocamente como nada mais do que seres humanos, mas capazes de relação e de amor. A imagem de Deus no ser humano (cf. Gn 1,26-27), de fato, não desaparece nunca, nem mesmo quando ele não reconhece Deus, não discerne os seus dons e a Deus não responde.

4. DOM E JUSTIÇA

Façamo-nos mais uma pergunta, sobre um tema até agora abordado apenas marginalmente: o dom pode encontrar um lugar na economia do mercado global? O dom consegue ser eloquente aos cidadãos, hoje todos prostrados diante do ídolo do livre mercado, ou está circunscrito à esfera privada e só pode ser praticado pelo indivíduo como gratuidade, generosidade pessoal? Como observa Roberto Mancini de forma perspicaz, vivemos em uma sociedade que acredita ser um mercado, somente um mercado, no qual não há lugar para a arte de doar, porque reina o primado absoluto da liberdade da troca. A confiança vai toda para o mercado, e diante de situações de injustiça e de grave desigualdade recorre-se à filantropia, às ações que tendem a uma justiça distributiva. Por que, ao invés disso, não depositar a confiança na ação de doar? Vimos que o dom possui uma eficácia profética, sendo capaz de desencadear uma dinâmica na qual a ação de doar pode causar no outro a capacidade de dar, por sua vez, aos outros.

O dom deve encontrar um lugar e uma prática também na economia e na política, mas contanto que se reconheça como fundamento da sociedade a fraternidade, que sempre tem o bem comum como objetivo e ao qual tende para ser realizada. Não concordo com Jeremy Bentham, segundo o qual

[...] a comunidade [humana] é um corpo fictício, composto pelas pessoas individuais consideradas como seus membros, e o interesse da comunidade é a soma dos interesses dos vários membros que a compõem.

A sociedade, ao invés disso, deve ser considerada como *communitas* de irmãos e irmãs, iguais na dignidade e diferentes entre si, e o bem comum deve ser buscado como o bem de estar "juntos", condição essencial para uma verdadeira *humanitas*, para um caminho de humanização cada vez mais avançada.

Só assim a lógica de mercado entra de novo em seus limites, não invade toda a vida dos homens e mulheres, mas permanece no seu âmbito específico, dando lugar ao primado das pessoas e das suas relações constantemente tornadas fecundas pelas ações de doar e de receber. Se, ao contrário, a lógica de mercado é deixada à sua dinâmica própria, sem contenções, então acabará determinando também as relações humanas, e as próprias pessoas acabarão sendo "coisificadas", pensadas como objetos (já não se fala comumente, talvez, de pessoas como recursos, excedências, inativos?). Sob essa ótica, a justiça é vista apenas como observância das regras do mercado e, entre as pessoas, simplesmente como comutativa. Que tecido social, que convivência pode ser gerada por tal visão?

Precisamente a cultura do dom, ao invés disso, pode dar origem não a simples corretivos do sistema de mercado global, mas a uma força subversiva, por estar posta a serviço do reconhecimento da pessoa por meio de uma relação marcada pela gratuidade. Na ação de doar, há o reconhecimento da singularidade do outro, da sua dignidade, de se colocar "em relação" com o outro, em certa medida de celebrá-lo, sem medir o quanto ele merece isso. É por isso que não pode haver justiça sem dom: não é suficiente uma justiça que retribui a cada um de acordo com o mérito, uma justiça que distribui de acordo com a equidade, mas é necessário que também na economia e na política possa emergir a gratuidade de doar.

Esse talvez seja um caminho novo e fatigante a se explorar e percorrer, mas a justiça não pode ser apenas um ministério das instituições sociais: ela precisa de uma participação de todos os cidadãos, para se chegar a uma política que também conheça a arte do dom, em nível mundial, nas relações entre povos e gentes.

O bem comum ou é sentido, pensado e buscado como um bem de toda a humanidade – ou, melhor, eu diria, de toda a terra, do nosso planeta, da nossa matriz – ou não é um bem comum, mas um bem de alguns povos, de algumas terras, que não reconhecem nem sentem um vínculo de *communitas* com outros. Para esse propósito, é necessária uma verdadeira mudança de cultura: da beneficência e da própria solidariedade à prática de ações gratuitas e generosas que não obedeçam à lei do interesse pessoal e à lógica da troca interessada, mas atestem a liberdade de cada doador, a dignidade de cada destinatário do dom, a fraternidade responsável que é gerada pela proximidade com os outros, pelo encontro do próprio rosto com o rosto do outro.

Acima de tudo, os cristãos devem fazer uma conversão da sua *diakonía*, bem atestada na história: da esmola e da beneficência à gratuidade do dom na proximidade, onde quer que seja possível que, no dom, haja efetivamente a presença do doador. De fato, como escrevia Lutero, *non satis est habere donum nisi sit et donator praesens*, "o dom não é suficiente se o doador também não está presente". No doar autêntico, imanente à justiça, não há então *scambio* [troca], mas "cambio" [mudança], mudança sim! Porque, como a história de Jesus de Nazaré ensinou, o dom precede a conversão e, portanto, pode mudar quem o recebe. Uma sociedade só poderá entrar na "dança do dom" se estiver disposta a mudar e a aprender a sua arte, a arte do dom.

CONCLUSÃO

"O que é que você tem que não tenha recebido?" (1Cor 4,7). Essas palavras do apóstolo Paulo, repetidas de outro modo em vários textos bíblicos, declaram a condição de destinatário de dons que é própria de cada um de nós: do dom da vida, que não fomos nós, mas sim outros que decidiram, ao dom da palavra, à qual outros nos iniciaram, ao dom da presença, que outros doaram a nós quando viemos ao mundo, ao dom da confiança que muitos de nossos companheiros de vida não nos deixaram faltar. E, além disso, os objetos, os bens, a terra e os seus frutos: tudo recebemos. Se estamos conscientes dessa nossa condição, não é difícil entrar na "dança do dom" e nos tornarmos doadores, para que o dom passe de mão em mão e crie aquela *communitas* que torna possível a humanização.

Ao término desta reflexão, há uma parábola de Jesus que eu gostaria de narrar, dando espaço, além disso, ao não dito. Um homem que estava indo embora para uma viagem deixou os seus próprios bens aos seus servos. A um, deu cinco talentos; a outro, dois; a outro, um; a cada um segundo as suas capacidades. E partiu. Aquele que havia recebido cinco talentos os empregou e ganhou outros cinco; também aquele que havia recebido dois ganhou outros dois. Aquele que havia recebido apenas um talento foi cavar um buraco e escondeu o talento lá. Fez isso porque pensava que o senhor era severo e intransigente na justiça e, portanto, não admitiria possíveis fracassos (cf. Mt 25,14-30).

Havia ainda – acrescento eu – mais outro servo, que também recebeu dois talentos, empregou-os e ganhou outros dois talentos, mas depois perdeu tudo em um naufrágio e se apresentou ao senhor de mãos vazias. No entanto, a reprovação do senhor foi apenas ao servo que havia enterrado o talento, porque o senhor não queria um lucro, mas queria que o seu dom fosse multiplicado por quem o havia recebido, para a alegria de todos. Quem havia entendido que o Doador era bom fez frutificar o dom recebido; quem, ao invés disso, pensava que ele não era bom, mas apenas justo, enterrou aquilo que havia recebido, mortificou-o, tornou-o um dom estéril! Só o amor é difusivo! Em qual desses servos nós nos reconhecemos?

O PERDÃO

O Perdão

"Existem apenas dois modos para dar provas do próprio amor. O primeiro consiste em dar a vida a quem se ama. O segundo, indubitavelmente, consiste em perdoar quem nos fez mal até abençoá-lo e amá-lo."

Constantin Virgil Gheorghiu

INTRODUÇÃO

A palavra "perdão" frequentemente aparece nos nossos lábios, está presente nas nossas conversas, desperta muitas interrogações sobre as quais facilmente se acende uma contraposição, até mesmo obstinada.

Hoje, além disso, o perdão se tornou um ato que atrai uma curiosidade mórbida e pouco respeitosa: muitas vezes, por ocasião de eventos violentos e delituosos, ouvimos os meios de comunicação fazerem à vítima ou aos parentes da vítima a pergunta imediata sobre a possibilidade do perdão, a disponibilidade para concedê-lo. A fim de que o perdão talvez seja verbalmente declarado e oferecido, mas sem ser realmente assumido em um processo personalíssimo, fatigante e lento. Ou, sempre em palavras, ele é negado, obedecendo às emoções e ao ressentimento presentes naquela situação, mas sem que haja uma escuta paciente das disposições mais profundas e elaboradas, que habitam o coração de uma pessoa.

O perdão não precisa de epifanias que se impõem como um testemunho que deslumbra, não pode ser ostentado e declarado em um momento, em situações de "aparições televisivas", mas deve ser gerado na fadiga, na dor e na discrição, de modo a não realizar remoções ou a não ser instrumentalizado com o propósito de obter reconhecimento social. É preciso desconfiar de quem perdoa muito fácil e rapidamente, de quem declara o perdão "tocando a trombeta na sua frente" para que os outros o notem (cf. Mt 6,2), de quem declara a sua disponibilidade a perdoar sem uma verdadeira mudança de sentimentos, de atitudes, de palavras e de gestos em relação ao ofensor.

Para refletir sobre esse tema, é bom começar detendo-nos sobre o significado da palavra "perdão", um termo tão presente quanto indeterminado, que abrange diversas acepções. Acima de tudo, o perdão não pode significar o esquecimento da ofensa e de quem a cometeu. Em nós, existe a faculdade da memória, e ela incide na nossa pessoa o mal que nos foi feito e quem o praticou: mesmo que quiséssemos, não poderíamos esquecer. Vale a pena recordar desde já que, na tradição judeu-cristã, só Deus pode perdoar esquecendo. Na sua onipotência, Deus pode fazer aquilo que nós não podemos: quando perdoa, apaga os pecados, não os vê mais, não os recorda mais, e quem fez o mal e é por ele perdoado se encontra em uma situação de novidade de vida, em que lhe é dado recomeçar liberto dos pecados anteriores (cf. Is 38,17; Jr 31,34; Hb 10,17).

Deus perdoa esquecendo; o ser humano perdoa, mas conserva a memória. Quem diz que perdoou porque esqueceu, expressa mal e de modo impreciso o perdão eventualmente concedido. Certamente, quem perdoa, permite que a ofensa e o ofensor com o passar do tempo não sejam mais uma presença obsessiva e inquietante, não mantém mais a ferida aberta, mas reconhece a cicatriz que traz e recorda a ferida e quem o feriu. O perdão ajuda a memória a se curar, não a morrer.

Às vezes, o perdão é confundido com o fato de desculpar o ofensor, dispensando-o das suas responsabilidades. Muitos são os pretextos para essa atitude, que parece ser magnanimidade, a capacidade de compreender tudo e todos. Mas, na realidade, ao perdoar o outro, nega-se-lhe a responsabilidade, que é a faculdade essencial de uma pessoa humana, e às vezes se acaba apenas buscando uma atenuação para a própria dor: se o outro é desculpado por não ser responsável, então eu não conheço ninguém que me ofendeu e me iludo de que não tenho inimigos; posso ficar tranquilo.

Outras vezes, o perdão é entendido como reconciliação. Mas o perdão é uma operação unilateral, e não é necessário que seja simétrico, que se torne reciprocidade, enquanto a reconciliação certamente precisa do perdão, mas depende do ofendido e do ofensor ao mesmo tempo, que decidem, ambos, fazer novamente as pazes.

Enfim, o perdão não pode significar nem a negação do mal sofrido, nem o fato de querer restabelecer a situação anterior à ofensa. Negar o mal recebido é uma reação de defesa que pode ser até patológica: negando o mal, não se deve assumir a fadiga do perdão, renunciando assim à própria emotividade, a uma parte de si mesmo, a um comportamento humanizante. Na mesma dinâmica, pode-se compreender que perdoar não pode significar um retorno à situação anterior à ofensa. Mesmo que acontecesse uma reconciliação, os oponentes não podem recriar uma situação rompida, embora prometam que tudo voltará a ser como antes. Diz a sabedoria a esse propósito: "Depois de assar o pão, é possível ter a farinha de novo?". Afirmar que nada aconteceu, que nada mudará, quando, ao invés disso, a ofensa ocorreu, significa restabelecer uma relação na mentira.

Então, o que significa perdoar?

Não é fácil responder com uma definição breve, porque – como já se disse – perdoar é um processo longo e fatigante, que deve levar a uma mudança dos sentimentos, das intenções, dos comportamentos da vítima, de quem foi ofendido, em relação ao ofensor. Trata-se, em primeiro lugar, de saber ler e discernir, o máximo possível na verdade, a ofensa recebida; depois, de renunciar a devolver na mesma moeda, de elaborar uma mudança em si mesmo e, ao mesmo tempo, de viver uma empatia com o ofensor, até o ato do perdão, ato livre, ato realizado no amor e na paz.

Para um cristão, nesse itinerário, certamente serve de inspiração a fé no Deus de Abraão, de Isaac e de Jacó, o Deus que perdoa o ser humano responsável pelo mal; e serve ainda mais de inspiração a interpretação do Deus vivo feita com a sua vida e as suas palavras por Jesus, que pregou o perdão infinito de Deus e a necessidade de os humanos sempre se perdoarem, setenta vezes sete (cf. Mt 18,21-22).

1. O PERDÃO E O MAL

Por que o perdão é um tema tão decisivo na nossa vida humana e cristã? Porque nós, humanos, conhecemos o mal, essa contradição à vida, ao bem, à verdade, à beleza. O mal cometido e sofrido não pode ser removido nem negado, senão temporariamente, e, quando é vivido como ofensa de alguém, então abre espaço para a possibilidade do perdão. O mal de que somos sujeitos ou destinatários, nas suas várias formas de mau pensamento, de falar ofensivo, de agir malvado, é uma realidade que encontramos nas nossas relações. Violências, delitos, abusos, discriminações, opressões individuais ou coletivas acompanham a história e, apesar do caminho de humanização percorrido e dos "nunca mais" proclamados depois de tais experiências trágicas, se repetem em formas talvez inéditas, mas com a mesma capacidade de gerar sofrimento e morte.

O mal – como ressaltou Jesus – nasce no íntimo, no coração dos humanos, e se torna agressividade, violência, ódio, dominação ou mesmo apenas indiferença para com os outros (cf. Mc 7,20-23; Mt 15,18-20), mas nós o fazemos, embora estejamos conscientes do que é o bem e às vezes apesar da nossa vontade de bem (cf. Rm 7,18-19). Nós somos responsáveis pelo mal ou pelo bem. Mesmo assim, somos seduzidos pelo mal, acostumamo--nos com o mal, podemos alimentar o mal, fazê-lo crescer até a negação do outro e dos outros. Sejamos sinceros com nós mesmos: não somos, talvez, seduzidos pelo *eros* a ponto de coisificar o outro? Seduzidos pela riqueza a ponto de não reconhecer mais o outro necessitado ao nosso lado? Seduzidos pelo poder a ponto de dominar os outros? Não conhecemos às vezes o desejo, embora talvez imediatamente rejeitado, da morte de quem nos fez mal? Não somos tentados a pagar com o mesmo mal quem nos feriu? Não chegamos a esperar o sofrimento de quem nos fez sofrer?

Sim, isso se deve ao nosso instinto de conservação: queremos viver, e viver a todo custo, até mesmo ao preço da eliminação do outro. Estamos doentes de *philautía*, o amor egoísta a nós mesmos, e o nosso instinto nos pede para pensar em nós mesmos, para viver, para nos conservar e para nos defender atacando, não muito diferente dos animais. E, quando o mal é causado por alguém, a vítima sofre o mal como ofensa, como injustiça, como uma ferida à própria vida e às próprias relações.

O sofrimento é a consequência da ofensa, que é um mal objetivo, mas que é sempre experimentada subjetivamente, de modo próprio e único. Porém, é impossível medir subjetivamente a gravidade da ofensa, ler a interpretação e a vivência da vítima, embora seja preciso reconhecer que o mal cometido também tem a sua objetividade: quando a ofensa é percebida como injusta, contrária à ética compartilhada, quando é intencional, ou seja, desejada por quem a realiza, e quando provoca dor e dano, então é objetivamente uma ofensa, da qual o autor deve assumir a responsabilidade.

Portanto, quando se recebe uma ofensa, de fato, se reage com sofrimento, tristeza, amargura, indignação, ira, e é precisamente nessa situação que se decide pela vingança, ou pela fuga, ou nos encaminhamos pela estrada longa e fatigante do perdão. O perdão se coloca no espaço aberto pela ofensa, um espaço que separa o autor da ofensa de quem a sofreu e viveu como tal.

2. O FATIGANTE CAMINHO DO PERDÃO

Do ponto de vista etimológico, "per-doar" – um termo que se difundiu na língua latina na época carolíngia – significa "doar totalmente": no perdão, existe a perfeição do dom, existe o doar até o extremo, até o fim (*eis télos*: Jo 13,1). Perdoar requer, portanto, um sacrifício de si mesmo em relação ao outro: perdoa-se para que o outro possa viver, e viver não esmagado pela culpa. Mas isso exige um caminho fatigante: perdoar não é natural, não é um sentimento espontâneo, a tal ponto que um perdão concedido imediata e facilmente tem toda a probabilidade de não ser autêntico.

Hoje – como já observei – difundiu-se o hábito de declarar a própria disponibilidade ao perdão diante das câmeras e nos meios de comunicação, mas isso muitas vezes parece ser um ato de exibição e de protagonismo voltado a receber os aplausos das pessoas.

Quem chegou a perdoar, por sua vez, sabe que se trata de um caminho que requer discernimento: um caminho longo, porque requer tempo; fatigante, porque exige disciplina e exercício; a caro preço, porque custa sacrifício; um caminho que deve ser sempre reconfirmado e recomeçado.

Tentemos, portanto, esboçar pelo menos algumas etapas essenciais do perdão, aquelas delineadas pela longa tradição cristã, mas confirmadas hoje também pela psicologia.

A tentação de se vingar

A tentação impulsiva de quem foi ofendido é a de responder ao mal com o mal, infligindo ao outro o mesmo mal que dele sofreu: é a vingança. Quando a raiva e o rancor se apoderam da pessoa ofendida, e quando esta mede as próprias forças capazes de devolver ao ofensor na mesma moeda, eis então a possibilidade da vingança. Ela pode ser realizada assim que as condições o permitirem, mas às vezes pode ser incubada longamente, pensada, projetada e perseguida, conservando uma memória obsessiva da ofensa recebida. O ressentimento e a raiva são próprios de quem reabre constantemente a ferida recebida, ferida que não cura, de modo que a memória do passado exacerba o sofrimento, o presente é ocupado pela recriminação obsessiva do mal sofrido, e o futuro parece ser dominado pela possibilidade da vingança.

Por que a vingança é tão sedutora? Acima de tudo, porque o fato de ver sofrer quem ofendeu e humilhou pode dar um prazer, em certo sentido, narcisista: não nos sentimos sozinhos na dor ou, melhor, a dor recai sobre quem foi responsável por ela.

A vingança também pode parecer uma resposta de defesa, um dissuasor que impede que o ofensor repita a sua ação maléfica: pensamos, desse modo, em "dar uma lição", em fazer o outro entender e assumir o mal provocado.

Também pode ser que a vingança vise a restabelecer uma justiça rompida, a acertar as contas, de acordo com o princípio veterotestamentário da reciprocidade – "olho por olho, dente por dente" (Ex 21,24; Lv 24,20; Dt 19,21; Mt 5,38) –, mas, na verdade, a vingança faz crescer a agressividade, multiplica a violência, em uma espiral que a difunde e também adoece as relações humanas. Iludimo-nos de que a vingança se detém na reciprocidade; muitas vezes, ela se torna um crescendo, que se assemelha mais ao canto de Lamec: "Matei um homem por uma ferida minha, e um menino por uma contusão minha.

Caim será vingado sete vezes, mas Lamec, setenta e sete vezes" (Gn 4,23-24).

A vingança pode deixar feliz quem a realiza por um instante, não para sempre, mas, sobretudo, tem a possibilidade de cegar quem a executa, a ponto de obscurecer a sua razão, de deter e contradizer o caminho de humanização, fazendo emergir como dominante o animal que está nele. A vingança é uma doença que nasce de um pequeno germe, o de querer dar uma lição ao ofensor, mas logo se torna uma verdadeira epidemia de violência, difícil de conter.

Diante do surgimento de pensamentos, projetos e comportamentos de vingança, é necessário decidir não ceder a eles. Todo longo caminho começa com um primeiro passo, e o primeiro passo do caminho do perdão é uma renúncia, um "não" determinado a "fazer a pessoa pagar". É preciso muita coragem, muita determinação e também um certo autocontrole. Não se trata de decidir com um voluntarismo sentido como uma lei, mas com a vontade de querer a humanização de si mesmo e de quem provocou a ofensa. A busca dessa decisão requer tempo e é mais fácil para quem está treinado na renúncia e sabe dominar os seus instintos, as suas cóleras, as suas agressividades. Diz o Salmo: "Renuncia à ira e depõe o furor: não te irrites, pois seria um mal" (Sl 37,8).

Conhecer a si mesmo para mudar a si mesmo

A renúncia à vingança e o caminho rumo ao perdão também requerem a coragem de um olhar lúcido sobre si mesmo, exercitar-se no conhecimento do próprio coração, de onde vêm os pensamentos maus e os pensamentos marcados pela bondade. Só quem conhece o próprio pecado, o mal que o habita de modo às vezes obscuro e opaco, e sabe discernir até mesmo o inferno como possível inquilino das próprias profundezas, pode transformar os próprios sentimentos de vingança e de justiça retributiva em compreensão e em empatia com quem provocou a ofensa.

Ler e reler o mal sofrido sem esquecê-lo, distinguir a ação que provocou o mal da pessoa que o cometeu, confrontar a objetividade da ofensa com a sua subjetividade e com a própria interpretação é um trabalho fatigante, que só gradualmente mostra a sua capacidade de transformação, de mudança dos sentimentos do ofendido. Deve acontecer algo no coração, uma "conversão", podemos dizer, por meio da qual não desejamos mais a vingança, mas nos predispomos à benevolência com o ofensor, até assumir atitudes que contrastem todo sentimento negativo.

No caminho de cura do mal sofrido, pode ser de grande ajuda o fato de poder compartilhar com alguém o próprio sofrimento. Contar a quem sabe escutar com inteligência significa ser libertado daquela penosa sensação de solidão que quem sofreu a ofensa alimenta em si mesmo: de fato, ele vê que o peso do próprio sofrimento é compartilhado, é de algum modo também carregado por outro, com o qual aprende uma interpretação diferente do que aconteceu e acolhe uma consolação. Existem males sofridos que nós removemos, impedindo-nos de olhá-los de frente e de assumi-los, mas assim ficamos reféns deles. "Os fatos passados são indeléveis, mas o sentido daquilo que aconteceu não está fixado de uma vez por todas" (Paul Ricœur), e a presença de um confidente e a sua palavra podem nos iluminar muito.

Compreender o ofensor

Desse modo, mais cedo ou mais tarde, chegamos a olhar para o outro dissociando-o do mal cometido. O outro não é o mal, não o encarna, não pode ser demonizado: o outro permanece sendo um homem, uma mulher que cometeu uma ação que é má, mas cada um é sempre maior do que o mal cometido. Se não se assume esse olhar, o único resultado possível é a condenação à morte do ofensor, a sua negação às custas da sua destruição. O ser humano não é um delito que tem personalidade; é e continua sendo um ser humano. Infelizmente estamos acostumados – e este também é um vício da comunidade cristã – a identificar e a definir as pessoas com base em um comportamento negativo delas, mas, na verdade, é preciso compreender que os homens e as mulheres cometem ações negativas: mas não são nem o mal nem a fonte do mal! O perdão afirma que a relação com o ofensor é mais importante do que a ofensa que ele trouxe para a relação e leva o ofendido a assumir como passado o mal injustamente sofrido, para que ele não impeça o futuro da relação.

Nesse longo caminho, o ofensor e o inimigo podem até se tornar grandes mestres, como ensina a tradição budista, porque, quando somos contrariados, ofendidos, criticados, pode nos ser dado um maior conhecimento sobre nós mesmos, sobre a nossa capacidade de tolerância, de paciência, de compreensão dos outros e até sobre a nossa suscetibilidade e reatividade e sobre o potencial de agressividade que nos habita. Desse modo, quem foi ofendido não nega a dignidade de quem o feriu, mas crê nela; a visão do monstro se dissolve e dá lugar ao outro, irmão ou irmã em humanidade, ser frágil, mas capaz de mudar e de se converter. Se chegamos a dizer "sim" ao ofensor, então cessa o medo dele e lhe mostramos a nossa própria confiança, libertando-o de um peso esmagador e reconhecendo-lhe a possibilidade de recriação.

Manifestar o perdão

No fim do fatigante caminho do perdão (mas existe realmente um fim?), são necessárias palavras, gestos, atitudes que narrem o ato do perdão amadurecido no coração. Esse também é um passo a caro preço, que requer grande força de ânimo, solidez de sentimentos e coragem profética. É verdade que a ofensa permanece na memória e não pode ser esquecida; é possível que volte em nós a "visão" dos atos de ofensa sofridos, provocando um despedaçamento do coração; mas é preciso poder distinguir a memória ferida da capacidade de perdão.

Não se deve esperar que o ofensor dê o primeiro passo nem que reconheça o próprio erro ou chegue a pedir perdão. Se realmente chegamos a ser capazes de perdão, não buscamos que se restabeleça a justiça, porque perdoar não é uma ação de justiça, mas de misericórdia. É preciso compreender que são o perdão e a misericórdia que causam a conversão, e não a conversão que os merece. Isso é escandaloso, parece incompreensível e insustentável, mas, tanto na tradição cristã quanto na budista, o perdão nasce da compaixão e é um dom gratuito que não espera a resposta do outro e, por isso, nega toda necessidade de reciprocidade. Sim, é preciso chegar a pensar que é a conversão de quem sofreu a ofensa que precede a mudança do ofensor e permite que este se corrija. Ao mesmo tempo, o amor e a misericórdia são sempre direcionados a uma liberdade que pode rejeitá-los. Impõem-se, portanto, palavras e atos que levem o ofensor a se sentir acolhido, perdoado, amado mais do que quando ainda não tinha perpetrado a ofensa. Caso contrário, como o ofensor poderia sentir-se perdoado, se se vê tratado mal, afastado ou mesmo apenas esquivado?

É por isso que o caminho do perdão deve chegar a uma certa empatia entre vítima e ofensor, a uma partilha de *pathos* que requer de ambas as partes um exercício de humildade. Então, o ofendido renuncia a entender completamente quem lhe fez o mal, percebe o outro como uma pessoa frágil assim como ele mesmo e não tem a pretensão de emitir sobre ele o juízo último. E se o outro não aceita o perdão e não quer reconciliar-se, quem perdoou sabe que fez um ato de grande força, sabe que desencadeou um dinâmica de cura, sabe que o amor basta ao amor e que o perdão não espera por reconhecimentos nem recompensas.

O perdão é o maior gesto do qual um ser humano é capaz: é a última etapa do caminho de humanização de cada pessoa. O perdão – podemos dizer – faz bem acima de tudo à vítima, que sai de si mesma, conhece uma paz mais ampla, se sente mais livre. Perdoar é curativo, é bálsamo sobre as feridas, que, de chagas, se tornam cicatrizes.

Perdoar é um evento que instaura uma confiança maior nas relações, uma acolhida mais cordial, uma comunhão mais intensa. Não é por acaso que, segundo a tradição cristã, é a maior alegria de Deus.

3. COMO VIVER O PERDÃO COMO CRISTÃOS

Na revelação hebraica, Deus manifesta seu próprio Nome como "misericordioso e compassivo" (*rachum we--channun*: Ex 34,6), "aquele que perdoa" (Ex 34,7). Portanto, no Nome de Deus, são proclamadas a graça, a bondade, a ternura, a misericórdia, a fidelidade, a compaixão e o perdão. Deus certamente é narrado pela metáfora paterna, mas se apresenta com o coração de uma mãe: ele possui entranhas (*rechem-rachamim*) com sentimentos maternos (cf., por exemplo, Is 49,15). O perdão aparece como um fruto dos sentimentos de Deus atestados pelos seus atributos, de modo que, após o exílio babilônico, Israel o invoca como "Deus dos perdões" (*eloah selichot*: Ne 9,17; cf. Dn 9,9).

Quem crê, consciente de fazer o mal mesmo quando gostaria de fazer o bem, tem a convicção profunda de que Deus o perdoa, que o ama mesmo quando faz o mal e que sempre o espera de braços abertos para lhe dar aquele amor que apaga a culpa, a esquece e lhe permite renovar a própria vida e retomar o caminho. O amor de Deus nunca deve ser merecido, é graça, e por isso precede até mesmo o arrependimento do ser humano. O perdão de Deus é um evento incondicional, gratuito, capaz de causar a conversão e a mudança: não são a mudança e a conversão que merecem o perdão! Essa mensagem é escandalosa para as próprias pessoas que creem, que muitas vezes a diluíram ou até a renegaram, fazendo do perdão de Deus um bem que deve ser merecido por meio do sofrimento de penas diversas. Mas isso acabou criando a imagem de um Deus perverso, moldado à imagem do ser humano.

No limiar do Novo Testamento, no livro da *Sabedoria*, lemos esta meditação: "[Ó Deus,] tu tens compaixão de todos, porque tudo podes, fechas os olhos aos pecados dos seres humanos e esperas a conversão deles" (Sb 11,23). Desse "Deus misericordioso e compassivo", Jesus fez-se intérprete e narrador (*exeghésato*: Jo 1,18), ele que passou em nosso meio fazendo o bem (cf. At 10,38) e perdoando os pecados, por meio do perdão concedido a todos com quem se encontrava, injustos e malvados, inimigos e perseguidores. Todos os Evangelhos são um testemunho da remissão dos pecados, do fato de Jesus perdoá-los, e a fé dos discípulos pôde ler a sua vinda como perdão para todos os homens e mulheres, por ele pedido a Deus e doado. Mesmo na cruz, assim como em toda a paixão, ele não só não respondeu à violência se defendendo ou retribuindo o mal, mas até pediu a Deus que perdoasse aqueles que o matavam sem saber o que faziam (cf. Lc 23,34).

A partir dessa sua capacidade de perdoar sempre, Jesus obtinha a autoridade para pedir aos discípulos que fossem homens e mulheres prontos para perdoar, prontos para ter empatia com aqueles que estão no mal, no pecado, na dívida. E isso até interpretar o mandato de Deus na Torá: "Sejam santos, porque eu sou santo" (Lv 19,1) como: "Sejam misericordiosos, como o Pai de vocês é misericordioso" (Lc 6,36). O discípulo, portanto, está diante de Deus com humildade e *parrhesía* [do grego, franqueza, ousadia, liberdade no falar], e pode rezar a ele: "Perdoa os nossos pecados, assim como nós perdoamos a quem nos ofendeu" (cf. Lc 11,4; Mt 6,12). O Deus que Jesus anuncia na sua pregação profética é o Deus que conhece mais alegria por um pecador que retorna para ele do que por noventa e nove justos que não precisam de conversão (cf. Lc 15,7); é o Deus que ama o filho rebelde, que se afastou de casa e se tornou vicioso, mas sempre esperado por ele e sempre reconhecido como filho (cf. Lc 15,11-24); é o Deus que enviou seu filho, o próprio Jesus, para os pecadores, os doentes, não para aqueles que se consideram justos e sadios (cf. Mc 2,17 e par.). O perdão, atributo de Deus inscrito na revelação do seu Nome a Moisés, tornou-se o nome de Jesus, "amigo dos pecadores" (cf. Mt 11,19; Lc 7,34), aquele que veio para salvar dos pecados (cf. Mt 1,21), aquele que tem o poder sobre a terra para perdoar os pecados em nome de Deus (cf. Mc 2,10 e par.).

A partir dessa vida de Jesus, cátedra do perdão para todos, brota a autoridade dos seus pedidos, dos seus mandamentos aos discípulos: "Amem os seus inimigos" (Mt 5,44; Lc 6,27-35); "Façam o bem a quem lhes odeia" (Lc 6,27); "Rezem pelos seus perseguidores" (Mt 5,44; cf. Lc 6,28); "Se vocês perdoarem aos outros as suas culpas, o Pai de vocês que está nos céus também perdoará a vocês. Mas, se vocês não perdoarem aos outros, o Pai de vocês também não perdoará as culpas de vocês" (Mt 6,14-15; único pedido do *Pai-Nosso* comentado explicitamente). E a Pedro, que pergunta quantas vezes se pode perdoar a quem faz o mal, Jesus responde: "Eu não te digo até sete vezes, mas até setenta vezes sete" (Mt 18,22). É preciso perdoar sempre, e depois sempre, sem "se" e sem "mas"!

Enfim, não se pode esquecer de que, além do grande ensinamento sobre o perdão, Jesus deixou aos seus discípulos um mandato preciso, um ministério, um serviço entre os homens e as mulheres. Na sua qualidade de Senhor ressuscitado, eles os enviou entre as nações com este mandato: "Recebam o Espírito Santo para remeter, perdoar os pecados" (cf. Jo 20,22-23). E, por enquanto, antes que o Reino se instaure plena e definitivamente, a única experiência de salvação que se pode fazer como cristãos é "o conhecimento da remissão dos pecados" (cf. Lc 1,77) – como se canta todos os dias no *Benedictus* –, o perdão dos nossos pecados por parte de Deus, o perdão dos pecados dos outros contra nós da nossa parte. Se não somos capazes de perdão, não somos discípulos fiéis de Jesus e contradizemos o seu seguimento.

4. PERDÃO E JUSTIÇA

Diante do escândalo de perdoar, sempre surgem em todos nós algumas perguntas sobre a possibilidade de praticar o perdão honrando a justiça. O perdão não é uma renúncia à justiça? Como é possível tentar instaurar a justiça e, ao mesmo tempo, perdoar? A justiça também faz parte do Nome de Deus ("não deixa sem punição, castiga a culpa dos pais nos filhos, e nos filhos dos filhos até à terceira e à quarta geração": Ex 34,7); e, se Deus é justo, como pode ser misericordioso até perdoar?

Certamente, para nós, seres humanos, não é fácil conjugar justiça e perdão, mas isso é possível para Deus, cuja justiça não pode ser medida pelos nossos critérios, que continuam sendo humanos. Não é por acaso que o profeta Oseias, em uma confissão de fé posta na boca do próprio

Deus, compara a experiência da justiça que exige a punição pelo mal cometido e a experiência da misericórdia que pede para perdoar: "O meu coração se comove dentro de mim, o meu íntimo treme de compaixão. Não me deixarei levar pelo ardor da minha ira, não voltarei a destruir Efraim, porque sou Deus, e não um homem. Eu sou o Santo no meio de você e não virei ao seu encontro na minha cólera" (Os 11,8-9).

Não devemos, portanto, medir a justiça de Deus projetando nele a nossa justiça, mas sim descobri-la e conhecê-la a partir da revelação, da própria Palavra de Deus contida nas Escrituras, e buscar no nosso coração aquela voz sutil escondida no nosso desejo de relação, voz que sugere o perdão, ou pelo menos não o sente como impossível. De fato, a que pode tender o exercício da justiça? À punição, ao castigo, a uma retribuição pela ofensa? Ou deve tender à humanização, à retomada da relação, à novidade de vida, ou seja, ao perdão sempre criativo e sempre capaz de abrir o futuro na vida? O perdão é a verdadeira finalidade da busca da justiça.

Nos dois milênios da sua história, os cristãos quase sempre pregaram o perdão, na fidelidade ao Evangelho, mas se deve reconhecer que, muitas vezes, a sua prática não foi coerente com a mensagem de Jesus e inspirada nele. Também houve uma grande cegueira sobre a dimensão social, política e jurídica do perdão, de modo que quase nunca se pensou no perdão concedido a um povo, a uma nação, e se mostrou a incapacidade de opor as razões cristãs ao conflito e à guerra. Nas relações entre povos ou grupos envolvidos em guerras, em violências ou em perseguições repetidas, um caminho de paz ou pelo menos de retomada de coexistência no mesmo espaço parece ser muitas vezes impossível, e buscar justiça onde se somaram responsabilidades e atitudes de negação do outro de ambas as partes parece ser um caminho impraticável. Mas, precisamente nessas situações, o único caminho a percorrer é o perdão recíproco e, portanto, a reconciliação.

Somente no século passado é que se pôde ver esboçado aqui e ali esse caminho, que se apresenta ainda muito acidentado, pouco frequentado e sempre considerado difícil, quase impossível. Tentou-se percorrer essa estrada na África do Sul nos anos 1990, em Ruanda, após o último genocídio (1994); na Austrália, entre os atuais habitantes e os aborígenes. O bispo anglicano negro Desmond Tutu resumiu o sentido de tal caminho de reconciliação em um *slogan* lapidar: "Não há paz sem perdão!".

Devemos reconhecer que foi João Paulo II quem fez o magistério católico dar um passo decisivo na compreensão da justiça inclusiva do perdão. Ainda na encíclica *Dives in misericórdia* (1980), ele afirmava que o perdão aporta um conteúdo novo à justiça e que permite que ela seja feita sem vinganças, sem compromissos, sem punições (cf., em particular, § 14). O perdão transcende a justiça retributiva e participa da ação do Deus misericordioso e compassivo, que perdoa o ser humano presa do mal. Deus sabe que o ofensor, mesmo não portando mais a semelhança com ele, traz sempre consigo, no entanto, a sua imagem (cf. Gn 1,26-27), e, portanto, continua sendo uma pessoa que precisa ser "salva", reabilitada, restaurada na sua dignidade. Até mesmo a eventual sanção, que também deve visar a impedir que o ofensor repita os seus gestos mortíferos, nunca deve ser vingança ou castigo, mas deve tender a uma reeducação, a um caminho de humanização. Não esqueçamos a sabedoria antiga: *summum ius, summa iniuria*, "grandíssimo direito, grandíssima injúria", e, portanto, sempre demos espaço na justiça ao possível perdão.

O próprio João Paulo II, na sua *Mensagem para o Dia Mundial da Paz* de 1º de janeiro de 2002, voltou a falar sobre a relação entre justiça e perdão, entregando-nos um ensinamento verdadeiramente profético. Ele também teve a coragem de confessar que, defrontando-se com a Palavra de Deus contida nas Sagradas Escrituras, chegara a compreender que o Evangelho exige que o princípio "perdão" seja imanente ao princípio "justiça" (cf. § 2). Assim, ele chegou a cunhar uma afirmação lapidar, que dá título a todo o seu texto: "Não há paz sem justiça, não há justiça sem perdão". Essa é a mensagem anunciada aos cristãos e também aos não cristãos, mensagem extraordinária que ousa pedir a todos uma prática de perdão para que seja possível edificar um mundo marcado pela justiça, a paz e a solidariedade.

Essa exigência, porém, não deve ser realizada apenas em nível pessoal, mas também deve ser proposta a toda a comunidade civil:

> Somente na medida em que se afirmam uma ética e uma cultura do perdão, é que se pode esperar em uma "política do perdão", expressa em atitudes sociais e instrumentos jurídicos, nos quais a mesma justiça assuma um rosto mais humano [ibid., § 8].

Ética, política, cultura, atitudes sociais e instrumentos jurídicos devem ter em mente o perdão como imanente à justiça. Assim como se compreendeu que não pode haver paz sem que reine a justiça (*opus iustitiae pax*: Is 32,17), assim também deve ficar claro que não pode haver justiça se não reinar também o perdão. Certamente, deve-se conter a violência e desarmar o culpado, é preciso encontrar soluções que o impeçam de reiterar os delitos; mas, ao mesmo tempo, é preciso pensar e preparar caminhos e instrumentos para que sempre seja garantida a possibilidade de humanização e de reinserção na sociedade, em uma vida que tenha um futuro.

Repito: perdão e indulto são absolutamente necessários e devem ser pensados em nível jurídico e político. Ainda em Atenas, na antiguidade, conhecia-se a lei da anistia, com o escopo do fim das lutas internas, da reconciliação entre partidos políticos e da convivência pacífica na *pólis*. No contexto econômico, além disso, o perdão pode ser exercido com a remissão da dívida aos países pobres, dando-lhes a possibilidade de uma economia que conheça um desenvolvimento.

Sim – como disse ainda João Paulo II –, o perdão, em nível jurídico, político e econômico internacional, não é apenas um ato que quer esquecer um passado que, caso contrário, só poderia alimentar o conflito, mas também abre a um novo futuro:

> As famílias, os grupos, os Estados, a própria comunidade internacional, precisam se abrir ao perdão para restaurar laços interrompidos, para superar situações de estéril condenação mútua, para vencer a tentação de excluir os outros, não lhes concedendo a possibilidade de apelo. A capacidade de perdão está na base de todo projeto de uma sociedade futura mais justa e solidária [ibid., § 9].

Perdoar é tomar consciência de que é necessário renovar a comunicação, a relação com o outro, para não o negar, para não o deixar na condição de inimigo.

CONCLUSÃO

O caminho do perdão é o caminho da humanização, é o caminho de Deus para nós, seres humanos. Houve homens e mulheres que perdoaram: perdoaram em Auschwitz, perdoaram nos *gulags*, perdoaram ao saírem das prisões do *apartheid*, perdoaram no conflito entre Israel e Palestina, perdoaram em tantas vidas humildes e anônimas, no seguimento de Jesus que perdoou os seus perseguidores (cf. Lc 23,34), mas também movidos pela sua consciência de seres humanos exercitados no amor aos irmãos.

Perdoar é uma verdadeira conversão a ser implementada em nós mesmos: o perdão não nasce da conversão de quem ofendeu, mas nasce da conversão de quem recebeu a ofensa. É a vítima que se deve converter: essa é a dimensão escandalosa do perdão! Trata-se de renunciar a se vingar e de tomar um caminho de proximidade, até fazer o dom da própria presença benévola e conciliadora para quem fez o mal. É preciso tempo e esforço para o dom do perdão! Certamente, isso não significa esquecer, pelo contrário: quanto mais se perdoa, mais se recorda, mas em uma operação de memória que não é mortífera nem para quem recorda nem para quem é recordado como malfeitor.

Perdoando, olham-se as feridas, os estigmas sofridos que permanecem indeléveis, mas eles são considerados repletos de sentido. O perdão dado é o selo dessa dinâmica em que o outro volta ao nosso horizonte, não é negado, mas sim afirmado como vivo, em relação ao qual há a responsabilidade de uma fraternidade renovada. Só assim o perdão é responsável e pode gerar alegria. Sim, há mais alegria em perdoar do que em se vingar, há mais justiça no perdão do que na execução de uma lei punitiva!

A COMPAIXÃO

A COMPAIXÃO

"Existe uma autoridade que é reconhecida
em todas as culturas e em todas as religiões, e que
nunca foi negada por nenhuma crítica ao princípio
de autoridade: a autoridade de quem sofre.
É essa autoridade reconhecida que move a compaixão."

Johann Baptist Metz

INTRODUÇÃO

Considero muito significativo que um termo como "compaixão", utilizado até pouco tempo atrás para indicar um sentimento em relação a pessoas em situação de sofrimento, mas usado de modo distorcido e consequentemente inaceitável – em expressões como: "Não quero fazer compaixão a ninguém!" –, tenha recentemente voltado a ser usado com o seu valor semântico e com toda a sua dignidade. Compadecer-se não é mais entendido como uma atitude exercida de cima para baixo, com superioridade, como um olhar para o outro com suficiência "tendo piedade dele", nem como uma manifestação de fraqueza, mas significa "padecer, sofrer com", de acordo com a sua etimologia latina (*cum* + *patior*). Desse modo, a compaixão voltou a designar um movimento com o qual vamos aonde existe o mal e compartilhamos com o sofredor a sua situação, participando do mal alheio: alcançados pelo sofrimento de um outro, sentimos a dor sempre como dele, até senti-la com ele como nossa. A dor do outro se torna a minha dor.

Falar de dor nos remete ao problema do mal: nem sempre somos tão vigilantes a ponto de vê-lo em toda a sua realidade, mas o mal está à nossa espreita e, mais cedo ou mais tarde, ele se manifesta na nossa vida. Nós, seres humanos, somos, por assim dizer, fascinados pelo problema da origem do mal. Desde a noite dos tempos, ressoa a pergunta: *Unde malum?* "De onde vem o mal?" (cf., por exemplo, Agostinho, *Confissões* VII, 5,7: "Onde está o mal, de onde e por onde penetrou aqui dentro? Qual é a sua raiz, qual é a sua semente? De onde vem, portanto, o mal?"). Operação especulativa legítima, mas que sempre e de todos os modos desemboca no enigma: não existem respostas convincentes. Na verdade, a pergunta que nos deveríamos fazer é outra: o que fazer contra o mal?

É a essa interrogação que os homens e as mulheres tentaram dar respostas concretas, operacionais. Os diferentes caminhos religiosos percorridos pela humanidade perceberam que a única coisa séria que pode ser feita contra o mal é praticar a compaixão, sofrer juntos. A compaixão não é a solução ao sofrimento, mas é a única resposta sensata que o ser humano pode dar diante do mal. Trata-se de sofrer por causa do sofrimento de um outro, de aceitar que o outro me faça sofrer também com o seu sofrimento. E atenção: esse sentimento, essa paixão, a ser assumida em primeiro lugar nas relações interpessoais, não pode limitar-se a tal dimensão, mas deve abrir um caminho em nível social e até político. Tudo começa em uma relação face a face, mas a dinâmica da vida leva a sentir a compaixão como um problema social, do qual a *pólis* pode e deveria ser investida.

Também se deve dizer, para ser franco, que hoje a compaixão se tornou particularmente difícil: talvez isso explique a crescente atenção dedicada a ela por filósofos e teólogos. Mas por que essa dificuldade? Porque o nosso contexto cultural tem uma possibilidade de percepção do mal muito diferente do passado: basta pensar apenas na remoção que as nossas sociedades sabem fazer da morte e, simultaneamente, na espetacularização e na exibição do sofrimento, até mesmo do horrendo e do macabro ao vivo, através dos meios de comunicação. Por um lado, acostumamo-nos com a visão do mal, mantendo-o longe através da mediação do meio de comunicação; por outro, sufoca-se, reduzindo-o a uma emoção mórbida, aquele que, em vez disso, deveria ser um chamado, uma pergunta a ser respondida. As mídias, na realidade, se tornam barreiras, muros entre nós e a dor alheia, e nos condenam cada vez mais a um cotidiano de solidão e de isolamento. Paradoxalmente, temos dificuldade em nos tornar próximos do outro: tornamo-nos facilmente próximos virtualmente, por meio da internet, e multiplicamos a nossa proximidade virtual com contatos "líquidos", inversamente proporcionais às relações concretas e "sólidas". E assim a morte da proximidade é vivida como negação ou "morte do próximo", como compreendeu de modo perspicaz o filósofo e psicanalista Luigi Zoja.

Em relação a essa renovada atenção à compaixão, também não se deve minimizar ou ignorar aquilo que foi elaborado por outros caminhos religiosos, como, por exemplo, o budismo, no qual a compaixão (em sânscrito, *karuna*), fundamentada na percepção da interdependência entre todos os seres vivos, aparece como a maior virtude e o ápice da vida interior. Com razão, Paul Ricœur via na compaixão o ponto de convergência por excelência entre o cristianismo e o budismo, e esse grande filósofo nos ofereceu reflexões decisivas sobre ela, juntamente com as de outros pensadores, como Vladimir Jankélévitch, Henri J. M.

Nouwen, Johann Baptist Metz, Xavier Thévenot, André Comte-Sponville, Emmanuel Lévinas, Lytta Basset.

Mas, antes de entrar *in medias res*, parece-me necessário fazer alguns esclarecimentos. Se compadecer significa "sofrer-com", então "sim-patia" (do grego *sympátheia*, palavra composta por *sýn* + *páscho*, "sofrer junto") é um termo aparentado àquele que nos interessa mais de perto: ele diz com uma raiz grega aquilo que o termo "compaixão" expressa a partir da língua latina. No entanto, na compreensão atual, a simpatia permanece na esfera dos sentimentos, enquanto a compaixão vai além, referindo-se a atitudes e comportamentos, até se tornar um *habitus* e ser considerada uma verdadeira virtude. E, se simpatia indica uma participação afetiva nos sentimentos dos outros – sentir da mesma maneira, ter sentimentos iguais –, a compaixão é simpatia no sentido forte, mas pelo sofrimento alheio: é partilha do sofrimento do outro. Nesse sentido, a compaixão é o contrário da insensibilidade, do egoísmo, do gozar o mal alheio. No seu *O Anticristo*, Friedrich Nietzsche a condena:

O cristianismo é chamado de religião da compaixão. A compaixão está em contraste com os afetos tônicos que elevam a energia do sentimento vital: ela age em sentido depressivo. Perde-se força quando se tem compaixão. Ousou-se chamar a compaixão de virtude, mas, em toda moral aristocrática, ela é considerada uma fraqueza.

Esse julgamento, na realidade, intriga a nós, cristãos, levando-nos a nos perguntar em que consiste profundamente a compaixão. Ou seja, por que nos obstinamos a crer e a repetir que, sem compaixão, não há verdadeira comunhão com os outros, não há solidariedade com todos os seres vivos? Claude Lévi-Strauss a considera como o fundamento da sabedoria universal, e hoje o humanismo cósmico parece ser um humanismo da compaixão: sem a compaixão, há a barbárie, a dissolução do cosmos.

Outro esclarecimento necessário diz respeito ao termo "misericórdia", aparentado com "compaixão". O Deus que se revelou a Moisés é o Senhor *rachum we-channun* (Ex 34,6; Sl 86,15; 103,8), isto é, "misericordioso e compassivo", ou *channun we-rachum* (Sl 111,4; 145,8-9; 2Cr 30,9; Gn 4,2), isto é, "compassivo e misericordioso". E, no Alcorão, os primeiros dos noventa e nove nomes de Alá são *Al-Rachman* e *Al-Rachim*, dois adjetivos tirados da mesma raiz *r-ch-m*, para reforçar e expressar ao máximo o fato de ele ser "o misericordiosíssimo", se assim se pode dizer.

Misericórdia é um sentimento que expressa um forte envolvimento afetivo, uma grande carga passional que vem do útero materno (*rechem*), das entranhas (*rachamim*). Sentimento ao mesmo tempo materno e paterno, amor visceral, a misericórdia – termo molde do latim – é um sentimento do coração para quem está no sofrimento, é comoção das entranhas. Pode ser distinguida da compaixão? O sentimento é quase o mesmo, mas na palavra "misericórdia" a ênfase recai na fonte do sentimento, o coração (etimologicamente: colocar a miséria do outro no próprio coração), enquanto em "compaixão" a ênfase recai na atitude, na partilha do sofrimento. Em todo caso, pode-se dizer que compadecer e fazer misericórdia são quase sinônimos, como mostra a tradução latina dos dois adjetivos hebraicos presentes (quase sempre) na Vulgata: *miserator et misericors* (ou vice-versa). Por fim, deve-se destacar – e voltaremos a isto mais adiante – que, para expressar a constelação semântica de que estamos tratando, aparece no Novo Testamento um termo utilizado muito raramente no Antigo Testamento grego: *splánchna/splanchnízomai*, que literalmente significa "entranhas/ser tomado por uma compaixão visceral".

O ser humano, portanto, pode fechar as entranhas em uma *philautía* que o desumaniza, ou, pelo contrário, pode abrir as suas entranhas para sofrer e alegrar-se com o outro, para viver autenticamente, porque nunca se vive sem o outro!

1. A COMPAIXÃO DE DEUS NO ANTIGO TESTAMENTO

Quando Deus responde ao desejo de Moisés de ver o seu rosto (cf. Ex 33,18-23), não se mostrando, mas revelando o próprio nome, ele grita: "O Senhor (YHWH), o Senhor (YHWH), Deus (*El*) misericordioso e compassivo (*rachum we-channun*)" (Ex 34,6). Portanto, o Nome de Deus é o tetragrama YHWH, explicado com o famoso *Ehjeh asher ehjeh* (Ex 3,14), "Eu sou quem sou", que também poderia significar: "Eu amo apaixonadamente quem amo". Essa hipótese, levantada há mais de meio século, com base linguística, pelo grande arabista Salomon D. Goitein, poderia ser reforçada precisamente pela passagem de Ex 34,6: aqui, de fato, os dois primeiros atributos do Nome de Deus, paralelos à dupla repetição do tetragrama, poderiam ser traduzidos como "amante com misericórdia, amante com compaixão".

Como se mencionava pouco antes, "misericordioso e compassivo" são dois atributos afins, uma espécie de hendíade que retorna várias vezes nas Escrituras ao lado do Nome de Deus: o nosso Deus é um Deus misericordioso e compassivo, portanto, um Deus conosco e por nós, *'Immanu-El* (Is 7,14). É um Deus que se faz próximo de nós, em um movimento de *ék-stasis* [do grego, "saída de si mesmo"] que é a sua própria vida, ou seja, o amor. Não por acaso, a última definição de Deus no Novo Testamento, depois da qual não são possíveis outras, é: "Deus é amor" (*ho theòs agápe estín*: 1Jo 4,8-16).

Mas queremos compreender sobretudo a compaixão de Deus, sobre a qual as Escrituras tentam nos falar de modos humanos, sempre inadequados para ilustrar a capacidade do nosso Deus de sofrer conosco. Deus não é impassível, mas se revela onipotente na compaixão, onipotente na misericórdia, de acordo com a admirável interpretação de Orígenes (*Homilias sobre Ezequiel* 6,6):

Se o Salvador desceu sobre a terra, é por compaixão da humanidade. Sim, ele sofreu pacientemente os nossos sofrimentos antes de sofrer a cruz, antes de assumir a nossa carne. De fato, se antes ele não tivesse sofrido, não teria vindo para compartilhar a vida humana conosco. Primeiro ele sofreu, depois desceu e se manifestou. Mas qual é essa paixão que ele sofreu por nós? A paixão do amor. E talvez não é verdade que o próprio Pai, Deus do universo, "lento para a ira, muito compassivo e misericordioso" (cf. Sl 102[103],8 etc.), também sofre de algum modo? Ou tu não sabes que, quando ele se ocupa das vicissitudes humanas, ele sente um sofrimento humano? De fato, "o Senhor teu Deus tomou sobre si o teu modo de ser, como um homem toma sobre si seu próprio filho" (cf. Dt 1,31). Deus, portanto, toma sobre si o nosso modo de ser, assim como o Filho de Deus toma os nossos sofrimentos. O Pai mesmo não é impassível. Se rezarmos a ele, ele tem piedade, compadece-se, sente uma paixão de caridade, coloca-se em uma situação incompatível com a grandeza da sua natureza e toma sobre si as paixões humanas.

O nosso Deus é um Deus vulnerável, que pode ser transpassado ("Olharão para mim que transpassaram": Zc 12,10); é um Deus que entra no sofrimento humano ("Na angústia eu estou com ele", como canta o Sl 91,15); é um Deus que "sofre em todos os sofrimentos do seu povo" (Is 63,9; tradução de André Chouraqui). Quando a Bíblia testemunha que Deus "arrepende-se do mal ameaçado" (cf. Jr 26,3; Gn 3,10), que se entristece com os seus filhos (cf. Sl 78,40-41), ela recorre a audaciosos antropomorfismos para expressar que o amor de Deus pode ser ferido, que ele pode sofrer por amor. "Quem fere a vocês, fere a pupila dos meus olhos" (Zc 2,12), diz o Senhor ao povo perseguido: identificação ousada, mas real do nosso Deus com as vítimas do mal, com o pobre, o oprimido, o sofredor, o assassinado.

No livro do Êxodo (3,7), quando Deus se revela com um Nome e um rosto, com a palavra e a ação, nos é dito depois como, de que modo, com que estilo Deus é misericordioso e compassivo. Diante do seu povo escravizado no Egito, oprimido pelo faraó e, portanto, gemendo e sofrendo, está escrito:

O Senhor disse:
"Eu vi (verbo *ra'ah*) a humilhação do meu povo no Egito, escutei (verbo *shama'*) o seu gemido por causa dos seus opressores, conheci (verbo *jadah*) as suas dores".

Acima de tudo, Deus vê, pousa os olhos sobre: não é um Deus que vive para si mesmo, mas vê, pousa o olhar até discernir; o seu olhar é para o outro, para o ser humano. E, ao ver, sem desviar o olhar, ele simultaneamente escuta, ou seja, consegue se deixar interpelar por aquilo que vê, permite que aquilo que ele vê lhe fale. Portanto, ele escuta um grito que se eleva das vítimas, mas poderia até nem se elevar: basta olhar para as vítimas, os sofredores, para que isso provoque a escuta, já que essa mesma visão é um grito, um chamado! E, enfim, Deus conhece: conhece o sofrimento, a necessidade do ser humano que ele viu: viu um ser humano, escutou um grito, conhece uma necessidade, um sofrimento próprio e pessoal que lhe impede um conhecimento geral e não participado.

Com uma analogia antropológica, poderíamos dizer que a ação de Deus é feita com os sentidos, é uma reação "sensata" diante do sofrimento, que é sempre insensato. É por isso que o verbo que se segue imediatamente aos três sobre os quais nos detivemos é "eu desci" (Ex 3,8: verbo *jarad*): Deus desce até onde o ser humano está, faz-se próximo dele, *con-sofre* com ele, compadece-se. E, no momento da compaixão, a justiça que habita Deus é um atributo que lhe pede para levantar a sua mão direita, pôr fim ao mal, libertando o ser humano (verbo *natzal*: cf. Ex 3,8). Mas outras vezes – dizem os rabinos –, na compaixão, Deus retém a sua mão direita (cf. Lm 2,3), esconde-a entre as vestes do seu peito (cf. Sl 74,11) e simplesmente se compadece. Ele só pode consolar estando ao lado, perto de quem sofre. "Como? *Ekah*?" (Lm 1,1). Sim, "o Senhor recuou a mão direita diante do inimigo" (*midrash* ao Sl 137).

Nem sempre da compaixão de Deus nasce uma ação que põe fim ao mal, que liberta e salva; mas sempre com a sua compaixão Deus se põe do lado da vítima e dá uma resposta não à origem do mal, mas ao mal como realidade concreta que oprime o sofredor, realidade que Deus não quer, que tenta combater *con-sofrendo* com a vítima.

2. A COMPAIXÃO DE DEUS NARRADA POR JESUS CRISTO E PRÓPRIA DO CRISTÃO

A misericórdia-compaixão de Deus foi narrada definitivamente pela humanidade de Jesus, pelas suas palavras e pelas suas ações, como primeiro aspecto da boa notícia, do Evangelho que ele anunciava. Poderíamos dizer, com os Padres da Igreja, que a compaixão de Deus em Jesus é o Evangelho do Evangelho! Jesus é o *'Immanu-El*, o Deus--conosco (cf. Mt 1,23), que veio entre nós como homem no esvaziamento das suas prerrogativas divinas: nele Deus renunciou à sua onipotência, fez-se carne mortal, fez-se escravo, fez-se o último dos últimos, assumindo sobre si o pecado até a ignomínia da cruz (cf. Fl 2,6-8). E isso não por ascese, não por uma catarse de que precisava, mas para compartilhar a nossa condição.

A santificação de Jesus nada mais foi do que descida: ele não se separou da humanidade, mas se fez solidário com os pecadores, em uma compaixão cada vez mais profunda conosco. Jesus se degradou cada vez mais, até sofrer a condenação; até ser reduzido a *res*, a coisa; até sofrer a morte do maldito (cf. Gl 3,13; Dt 21,23), julgado inútil e danoso pelos poderes que o reduziram à fraqueza extrema.

Por que tudo isso? Para se tornar compassivo, responde o autor da Carta aos Hebreus: "Não temos um sumo sacerdote incapaz de sentir compaixão (*sympathêsai*) das nossas fraquezas, porque ele [Jesus] foi provado em tudo como nós" (Hb 4,15). Um amor perfeito, vivido "até o fim" (*eis télos*: Jo 13,1), até a morte, mas que é amor para sempre, portanto, presente também no Cristo ressuscitado, vivo em Deus, intercessor por nós (cf. Rm 8,34). O Deus misericordioso e compassivo foi mostrado por Jesus, homem misericordioso e compassivo, ressuscitado e agora vivo para sempre.

São muitíssimos os testemunhos dos Evangelhos a esse respeito, porque poderíamos dizer que, em cada encontro vivido por Jesus, transparece a sua compaixão: mas é sobretudo quando ele encontra quem é vítima do mal que

Jesus narra a compaixão de Deus. Por isso, Jesus aparece nos Evangelhos, acima de tudo, como alguém que escuta o outro. Frequentemente, ele deixa que o outro fale primeiro; outras vezes, faz perguntas, sempre habitado pela atenção própria de quem vê e observa. Não é por acaso que o olhar de Jesus parece ser tão determinante sobre quem é olhado, até a expressão que resume esse estilo de Jesus, atestada no ápice do seu encontro com o homem rico: "Fixando-o, amou-o" (Mc 10,21). Ver, pousar os olhos é uma arte humana que Jesus sabe exercitar. No seu olhar, não há distração, atordoamento, pressa, medo: para Jesus, olhar é a primeira atitude para entrar em relação. Os seus olhos são olhos que veem (cf., em contraste, Mt 13,15-16; Is 6,10). Esse seu gesto de fixar os olhos é obra de discernimento, às vezes de eleição; é sempre a busca de um rosto, de uma pessoa com a sua subjetividade, para se sentir e se situar diante dela.

O ver de Jesus é simultaneamente também um escutar. Escutar, de fato, não significa apenas acolher as palavras do outro, mas tentar compreender o que ele expressa com toda a sua pessoa: a sua postura, o seu corpo, a sua beleza, a sua feiura, a sua deficiência, a sua saúde, a sua doença, a sua idade, a sua ferida. Então, escutar aquilo que habita o outro também se torna descobrir o seu sofrimento, o mal que o habita. Que fadiga essa escuta! O outro nos perturba, a sua alteridade nos dá medo, o seu sofrimento nos inquieta. Jesus não passava adiante quando via alguém (como, ao invés disso, fazem o sacerdote e o levita da parábola: cf. Lc 10,31-32); até mesmo na multidão sabia discernir quem precisava dele e, por isso, tocava-o como um mendicante, como alguém que o invocava (cf. Mc 5,30; Lc 8,45). Jesus não se sentia um personagem eminente que não devia "ser perturbado", que não devia misturar-se ou entrar em situações pouco recomendáveis ou pouco higiênicas, em contato com pessoas rudes. Bastava-lhe que houvesse um homem, uma mulher, e logo o rosto daquele interlocutor específico era para ele um apelo à escuta e à relação.

E qual é o fruto do ver e do escutar autênticos? Um conhecer (para retomar a sequência dos três verbos acima) participado, compassivo. Quando surge uma condição marcada pelo mal, pelo sofrimento, então Jesus "é tomado pelas entranhas" (verbo *splanchnízomai*). Ele vê um leproso, vê um cego, vê uma mãe que perdeu um filho, vê uma multidão dispersa, e sempre – os Evangelhos no-lo testemunham – "é tomado por uma compaixão visceral". Nesse sentido, é muito significativo que, nos Evangelhos – excluindo-se Mt 18,27, Lc 15,20 (verbo referido a Deus, em duas parábolas) e Lc 10,33 (verbo referido ao bom samaritano) –, *splanchnízomai* sempre tem Jesus como sujeito (cf. Mt 9,36; 14,14; 15,32; 20,34; Mc 1,41; 6,34; 8,2; 9,22; Lc 7,13).

A partir do ver, escutar, conhecer, sentir compaixão, passa-se, depois, ao dom da presença: fazer-se próximo (como o bom samaritano: cf. Lc 10,36), fazer-se vizinho, chegar a tocar o outro, a sentir o corpo do outro que, por sua vez, sente o corpo de quem o toca, rosto com rosto, com os braços em volta do pescoço, com um beijo. Em suma, ternura e doçura para dizer ao outro: "Eu estou contigo, sofro contigo, tu não estás mais sozinho". Eis a compaixão, a paixão-sofrimento compartilhada, não mais carregada sozinho! Francisco de Assis, na consciência da repugnância que sentia pelos doentes de lepra, em um excesso de compaixão, conseguiu dar até um beijo em um leproso, e isso marcou a sua conversão como narra Boaventura de Bagnoregio (*Legenda maior* 1,5):

> Um dia, enquanto andava a cavalo pela planície que se estende aos pés de Assis, deparou-se com um leproso. Esse encontro inesperado o encheu de horror. Mas, repensando o propósito da perfeição, já concebido na sua mente, e refletindo que, se ele queria se tornar cavaleiro de Cristo, tinha, acima de tudo, de vencer a si mesmo, desceu do cavalo e correu para abraçar o leproso, e este, enquanto estendia a mão como que para receber a esmola, recebeu o dinheiro junto com um beijo.

Eis como o sentimento se torna virtude, eis como o fato de ser movido pela compaixão pode se tornar relação e comunhão. E observe-se que a compaixão não é estranha ao fato de sentir ira, como sempre nos testemunham os Evangelhos a propósito de Jesus: precisamente ao ver um leproso, Jesus foi tomado por um sentimento de indignação (*orghistheís*: Mc 1,41). Com esse movimento de ira, é como se ele gritasse: "Não pode ser assim! Por quê?". Mas aquilo que vence, mesmo diante desse movimento humaníssimo, é sempre o fato de ser tomado pelas entranhas, a compaixão.

Assim, Jesus carregava sobre si os sofrimentos de quem encontrava e os sentia em si mesmo, fazendo-se doente com os doentes, faminto com os famintos, pobre com os pobres, pecador com os pecadores. Verdadeiramente, Jesus soube comunicar no sofrimento! E é precisamente graças a essa resposta que ele soube dar ao mal cotidianamente e até o extremo que o seu amor pelos homens e mulheres não podia ser retido no túmulo nem ver a corrupção, como afirma Pedro no dia de Pentecostes (cf. At 2,24). O seu amor, sendo amor de Deus feito carne, recebeu do Deus que é amor o selo: a ressurreição é a prova de que Deus vive e de que Cristo está vivo nele para sempre. E aqui a resposta ao mal se torna, em um céu novo e em uma terra nova (cf. Is 65,17; 66,22; 2Pd 3,13; Ap 21,1), vida eterna, *restitutio ad integrum* [restauração, restituição à integridade, à condição original], vida plena.

Antes de ir além, devemos fazer uma breve menção de como o tema da compaixão atravessa todos os escritos apostólicos do Novo Testamento. Também neles misericórdia e compaixão indicam sentimentos de Deus – aquele que tem "entranhas de misericórdia" (*spláncha eléous*: Lc 1,78) –, sentimentos de Cristo – "o grande sacerdote misericordioso (*eleémon*) e digno de fé" (Hb 2,17) – e, consequentemente, sentimentos e atitudes exigidos do cristão, chamado a amar "nas entranhas de Cristo Jesus" (*en splánchnois Christoû Iesoû*: Fl 1,8).

O nosso Deus é "o Pai das misericórdias (*ho patèr tôn oiktirmôn*) e Deus de toda a consolação, que nos consola em todas as nossas tribulações" (2Cor 1,3-4), fazendo-se próximo daqueles que são marcados pelo mal, dos sofredores e dos pecadores. Ele "nos salvou não em virtude das obras justas que praticamos, mas pela sua misericórdia (*éleos*)" (Tt 3,5). A Carta de Tiago traduz bem em grego o Nome santo de Deus revelado a Moisés: "Cheio de compaixão (*polýsplanchnos*) e misericordioso (*oiktírmon*)" (Tg 5,11). Mas é sobretudo na brevíssima Carta a Filêmon, o seu amado companheiro e colaborador, que Paulo recorre várias vezes ao termo *splánchna*, fornecendo-nos um extraordinário retrato da compaixão-misericórdia (Fm 7; 9-12; 17; 20):

82

Senti muita alegria e consolação pelo teu amor, porque as entranhas (*tà splánchna*) dos santos foram consoladas por mérito teu, irmão. [...] Em nome do amor, eu, Paulo, velho e agora também prisioneiro de Cristo Jesus, te suplico pelo meu filho, que eu gerei em meio às correntes, Onésimo. Ele é as minhas entranhas (*tà emà splánchna*). [...] Se me consideras em comunhão, acolhe-o como a mim mesmo. [...] Restaura as minhas entranhas (*mou tà splánchna*) em Cristo!

Isso é compaixão! Daí decorre a exortação paulina: "Se há entranhas (*splánchna*) e compaixão (*oiktirmoí*), completem a minha alegria" (Fl 2,1-2); ou ainda: "Assumam entranhas de compaixão (*splánchna oiktirmoû*)" (Cl 3,12). E João, na sua Primeira Carta (1Jo 3,17), poderá escrever:

Se alguém, tendo riquezas e bens terrenos, vê o irmão no sofrimento e lhe fecha as entranhas (*tà splánchna*), como o amor de Deus pode habitar nele?

Em suma, a exortação apostólica simplesmente repetiu a bem-aventurança de Jesus ("Bem-aventurados os misericordiosos [*hoi eleémones*], pois encontrarão misericórdia": Mt 5,7) e o seu mandamento ("Sejam compassivos [*oiktírmones*], como também o Pai de vocês é compassivo": Lc 6,36).

3. A COMPAIXÃO, FORMA DO ENCONTRO COM O OUTRO, HUMANA RESPOSTA AO MAL

Se a compaixão é o sentimento que leva a *con-sofrer* e a compartilhar os males do outro, deve-se reconhecer que ela é constitutiva da existência humana. Sem compaixão, não poderia haver humanização, porque esta é o fruto da comunicação e da solidariedade, da responsabilidade recíproca e da comunidade de destino entre os humanos. A compaixão aparece como uma experiência gerada por um encontro com o mal operante no ser humano e no cosmos. Trata-se de ser livrado da indiferença, de ser convidado a sair de si mesmo para existir diante do outro. São esplêndidas, a este respeito, as palavras de Emmanuel Lévinas:

> A dor isola de maneira absoluta, e é a partir desse isolamento absoluto que nasce o apelo dirigido aos outros [...] Não é a multiplicidade humana que cria a socialidade humana, mas aquela estranha relação que inicia na dor, na minha dor na qual apelo ao outro, e na sua dor que me perturba, na dor do outro que não me é indiferente. É o amor pelo outro ou compaixão [...] Sofrer não faz sentido [...] mas o sofrimento para reduzir o sofrimento do outro é a única justificativa do sofrimento, é a minha maior dignidade [...] A compaixão, ou seja, etimologicamente o sofrer com o outro, tem um sentido ético. É o que faz mais sentido na ordem do mundo, na ordem normal do ser.

Todos nós podemos refletir sobre muitas das nossas experiências cotidianas e verificar assim a nossa capacidade de compaixão. Sentimento que emerge do coração, solicitado pelo fato de ver o mal em ação, a compaixão não deve ser removida, mas, assumida conscientemente, deve vencer a desconfiança e se tornar oportunidade de partilha. Onde o mal aparece, há sofrimento, solidão, doença e morte, que têm um papel revelador, que pode ser até ameaçador. Sentimento que se impõe ao coração, a compaixão deve se tornar sofrimento pelo sofrimento alheio, paixão-padecimento pelo mal que atinge o outro. Luciano Manicardi escreveu com inteligência:

> A compaixão aparece como um frêmito das entranhas, uma ressonância visceral do sofrimento do outro, uma ressonância que se faz consonância: o sofrimento do outro grita, e a compaixão faz do meu corpo uma caixa de acolhida e de ressonância do seu sofrimento. A visão de quem sofre se torna escuta.

Portanto, é necessário que esse sentimento, inicialmente vivido de modo passivo, se traduza em um passo de proximidade. "Amarás o teu próximo como a ti mesmo" (Lv 19,18; Mc 12,31 e par.; Gl 5,14; Tg 2,8): isto é, amará não de modo geral, em palavras, mas de modo pessoal, fazendo-se próximo, vizinho do outro. O sofrimento do outro chega até você? Você o viu? Então há um caminho obrigatório: vá em direção a ele, faça-se próximo! Já aqui há um primeiro compromisso, uma primeira escolha: é preciso escolher entre ir adiante e não ver, ou parar e ver; entre ficar a distância ou tomar mais distância, ou encontrar o outro; entre desconfiar ou ter confiança; entre desviar o olhar ou olhar no rosto do sofredor.

E aqui é preciso dizer com clareza: tornar o outro próximo é um risco. De fato, pode nascer um encontro decisivo, mas também se pode encontrar uma contradição, uma rejeição, até mesmo uma violência. O outro, sobretudo por causa do mal, pode parecer desfigurado, sem beleza e sem rosto, como o servo do Senhor habituado a sofrer (cf. Is 52,14; 53,3). Nunca tornamos o outro próximo sem ter também preconceitos, julgamentos que nos habitam e sobre os quais devemos intervir razoavelmente, deixando a quem encontramos a possibilidade de se mostrar, de se definir, de entrar ele mesmo em relação conosco. Quantas vezes, diante do pobre, pensamos à primeira vista: "Este aqui não precisa! Como vai usar a minha ajuda? É verdadeiro nas suas palavras? O seu sofrimento é real ou está fingindo?". Portanto, impõe-se a escolha: o sentimento de compaixão recém-sentido deve ser acolhido, deve ser sustentado, deve entrar na minha consciência e ser moldado pelo evento do encontro. É assim que nasce o caminho da relação.

Audácia e confiança devem se entrelaçar de modo a poderem sustentar o outro. Talvez seja preciso combater também o cinismo, o desencorajamento, o pensamento de que não é possível fazer nada ou de que nada é realmente útil, de que nada vale a pena. Dentro de nós – devemos reconhecê-lo – existem muitos obstáculos para a dinâmica da compaixão, mas há também a possibilidade de se exercitar na compreensão de que, acima de tudo, a compaixão faz surgir em mim a responsabilidade pelo outro. Vê-lo face a face, reconhecê-lo na sua dor não pode deixar-me indiferente. Sou provocado a dizer um não à indiferença e, portanto, a voltar o olhar ao sofrimento; a dizer um não àquele isolamento que me levaria a construir a minha vida como "imunidade", e, por isso, um sim ao caminho de comunhão. Não podemos permanecer na passividade, mas somos sacudidos: às vezes, sentimos indignação; às vezes, ira justa e santa diante do sofrimento causado pela injustiça; às vezes, um protesto que beira à blasfêmia diante do enigma do mal. Quem não experimenta esses sentimentos quando cruza pela rua com os olhos de uma criança em uma cadeira de rodas, com síndrome de Down?

Certamente, é necessária uma concreta e eficaz assunção do sofrimento, e não se perguntar o porquê dele, como fazem os "amigos" de Jó. Eles se fazem próximos, sim, do abandonado nu e sofredor, mas primeiro estão mudos, sem uma palavra de comunicação, ocupados depois em resolver teoricamente o enigma daquele sofrimento, em se interrogar especulativamente sobre as causas daquela condição. Na proximidade sem fechamentos e sem preconceitos, no reconhecimento da alteridade e da sua irredutível dignidade, o outro se ergue diante de mim e me chama, me interpela. Nada de cálculo, nada de reciprocidade; a necessidade do outro normatiza o meu comportamento, gera uma ética. Cada um é devedor de cada um, e essa experiência requer que eu tire a solidão do sofrimento do outro, colocando-me ao lado dele, para combater com ele o mal. Combater juntos o mal é mais decisivo do que vencê-lo! Xavier Thévenot compreendeu bem isso:

> A compaixão [...] é atividade regeneradora e criadora. Mais ainda, é um combate. É cobeligerância contra o mal e as suas diversas ramificações.

A proximidade que se compromete com quem sofre, epifania de ternura, deve, porém, permanecer vigilante e respeitosa; não pode ser moldada pelo desejo de quem a realiza; pelo contrário, requer muita disciplina. Aproximar-se do outro significa também entrar em contato com ele: o olhar, as mãos, até mesmo as carícias e os beijos, mas em um movimento que respeite o outro, que escute os seus desejos, que obedeça a ele. Disciplinar as próprias pulsões é absolutamente necessário, porque não se pode permitir que se confunda a generosidade com o nosso protagonismo, o cuidado do outro com um comportamento que responde às nossas necessidades.

O sofredor tem uma dignidade e uma autoridade que devo sempre reconhecer para viver a compaixão autêntica. Invadir a vida alheia, assumir o controle dela, decidir pelo outro, talvez pelo seu bem (assim dizemos!), são operações às quais facilmente damos o nome de amor, caridade, serviço ao outro, enquanto, na verdade, mascaram os nossos sentimentos indisciplinados e vorazes... O outro, sobretudo quem sofre e conhece a fraqueza, deve permanecer outro; em vez disso, quanta agressividade e desejo de posse são definidos como cuidado e benevolência por quem os realiza! Nada de neutralidade terapêutica, nada de distância escondida sob a ficção de uma proximidade exterior ou formal, mas sempre uma relação inteligente, na qual o amor também não é deixado apenas à ditadura dos sentimentos.

Na verdade, existe uma distância entre quem se faz próximo e o sofredor, que deve ser reconhecida e guardada: só assim a relação que se estabelece não é fusional nem confusa, e a compaixão, o sofrer-com, permite que duas subjetividades se envolvam na partilha da dor, evitando toda absorção do outro. Esse tema do habitar a distância na proximidade é decisivo sobretudo no cuidado do doente, porque lhe garante liberdade e dignidade, como afirma Donatella Pagliacci:

> Onde falta o reconhecimento da alteridade do outro e da sua irredutível dignidade, que deriva de uma tomada de distância do outro, como outro em relação a mim, falta também a possibilidade de exercer a compaixão.

Sim, a compaixão é muito fatigante e difícil, e pode degenerar facilmente em "piedade" ou em uma atitude gentil desprovida de um real envolvimento. Resta o grande mistério do ser humano capaz de se preocupar com a vida do outro, capaz de *con-sofrer* com ele. Ao mesmo tempo, a não indiferença e a *communitas* são o fundamento constitutivo da humanidade, e a nossa primeira vocação é a de *com-padecer*. Não nascemos todos, talvez, em um útero no qual quem nele nos carrega e nos gera *con-sofre* conosco, participa do nosso próprio sofrimento já na vida intrauterina? A compaixão não é, talvez, o fundamento de uma ética universal? Não é a forma fundamental do encontro vital e fecundo com os outros?

E permitam-me ao menos mencionar (mas aqui se abriria uma nova reflexão!) que a compaixão também é gemido e sofrimento de toda a criação, segundo a compreensão do apóstolo Paulo: "Toda a criação geme e sofre as dores do parto até hoje" (Rm 8,22). *Sunt lacrimae rerum* ["há lágrimas nas coisas"] (Virgílio, *Eneida* I,462): compaixão cósmica! A esse respeito, a espiritualidade budista poderia inspirar-nos, com a sua afirmação de que a compaixão está presente em todas as criaturas e entre todas as criaturas, pois todos os seres vivos são interdependentes uns dos outros. Mas também um grande padre como Isaac de Nínive (*Prima collezione* 74), para permanecer na tradição cristã, pode vir em nossa ajuda:

> O que é um coração compassivo? É um coração que arde por cada criatura: pelos seres humanos, pelos pássaros, pelas feras, pelos demônios e por tudo o que existe... É um coração que se desmancha porque sofre ao ver ou ao sentir o sofrimento de qualquer criatura.

CONCLUSÃO

Em um escrito apócrifo do Antigo Testamento, o *Testamento de Zabulon* (8,1-3), lê-se a seguinte profecia (entre outras coisas, com ênfases muito semelhantes às de uma parábola de Jesus, cf. Mt 18,33):

> Meus filhos, tenham compaixão na misericórdia (*eusplanchnía en eléei*) por cada ser humano, para que o Senhor

também tenha compaixão e misericórdia (*splanchnisteís eleése*) de vocês. Nos últimos dias, Deus mandará sobre a terra a sua misericórdia (*tò splánchnon*) e, onde encontrar entranhas de misericórdia (*splánncha eléous*), lá ele porá a sua morada. Porque assim como o ser humano tem compaixão (*splanchnízetai*) do seu próximo, assim também o Senhor tem dele.

Pois bem, todos nós devemos esperar esses tempos, ensinados pelas palavras proféticas de Oseias, muitas vezes retomadas por Jesus: "Eu quero compaixão (*éleos*), não sacrifício" (Os 6,6; Mt 9,13; 12,7).

E gostaria de concluir com um conto do mestre chinês Mêncio, a ser decodificado com inteligência:

Um rei, tendo-se dirigido ao templo, viu passar ao seu lado um bezerro levado ao sacrifício. Olhou-o, fixou os seus olhos assustados e ordenou que o soltassem. Os sacerdotes lhe perguntaram: "Devemos renunciar ao sacrifício?". Mas ele respondeu: "Não, continuem com outros animais". "Por que então" – perguntaram-lhe de novo – "poupar este bezerro?" Ele respondeu: "Porque, quando ele passou perto de mim, eu o olhei na cara e cruzei com os seus olhos".

Sim, é olhando e vendo quem está perto e no sofrimento que somos movidos à compaixão.

PARA IR ALÉM

O DOM

FERRETTI, G. (org.). *Il codice del dono. Verità e gratuità nelle ontologie del Novecento.* Atas do 9º Colloquio su filosofia e religione: Macerata, 16-17 mai. 2002. Pisa, 2003.

GODBOUT, J. T. *Lo spirito del dono.* Turim: Bollati Boringhieri, 1993.

_____. *Quello che circola tra noi. Dare, ricevere, ricambiare.* Milão: Vita&Pensiero, 2008.

MARION, J.-L. *Dato che. Saggio per una fenomenologia della donazione.* Turim: SEI, 2001.

STAROBINSKI, J. *A piene mani. Dono fastoso e dono perverso.* Turim: Einaudi, 1995.

O PERDÃO

BASSET, L. *Le pouvoir de pardonner*. Paris/Genebra: Albin Michel/Labor et Fides, 1999.

COLOMBO, G. *Il perdono responsabile*. Milão: Ponte alle Grazie, 2011.

IDE, P. *È possibile perdonare?* Milão: Ancora, 1997..

REGALIA, C.; PALEARI, G. *Perdonare*. Bolonha: Il Mulino, 2008.

RICOEUR, P. Les difficultés du pardon. *Bulletin de littérature ecclésiastique*, n. 3, 2000, pp. 199-214.

A COMPAIXÃO

BASSET, L. (org.). *Aprirsi alla compassione*. Pádua: Messaggero di Sant'Antonio, 2012.

PRETE, A. *Compassione. Storia di un sentimento*. Turim: Bollati Boringhieri, 2013.

Rua Dona Inácia Uchoa, 62
04110-020 – São Paulo – SP (Brasil)
Tel.: (11) 2125-3500
http://www.paulinas.com.br – editora@paulinas.com.br
Telemarketing e SAC: 0800-7010081